Tiempo para Dios

Meditaciones para el tiempo de Adviento y Navidad

P. Eduardo González

LIBROS LIGUORI

Imprimi Potest:
Harry Grile, CSsR, Provincial
Provincia de Denver, Los Redentoristas

Publicado por Libros Liguori
Liguori, Missouri 63057

Pedidos al 800-325-9521
www.librosliguori.org

pISBN 978-0-7648-2386-2
eISBN 978-0-7648-6991-4

Libros Liguori, una corporación sin fines de lucro, es un apostolado de
los Padres y Hermanos Redentoristas. Para m ás información, visite
Redemptorists.com.

Impreso en Estados Unidos de América
17 16 15 14 13 / 5 4 3 2 1
Primera edición

Contenido

Introducción

Una persona en la vereda o una mochila al hombro nos sugieren la imagen de alguien que ha dejado las comodidades y el apego, y de pronto lo cambia todo para disfrutar del aire fresco que acaricia su rostro. Va de camino hacia lo nuevo, lo distinto, lo sorprendente. Jesús de Nazaret supo de mudanzas y de caminos aun antes de nacer. Ya en el seno de su Madre viaja a Belén. Huye, con José y María, exiliado a Egipto, y luego regresa a Nazaret. Sus últimos tres años de vida son igualmente itinerantes, porque la predicación del Reino se lo exige. Sus discípulos, desde entonces, también habremos de alistar las sandalias y el bastón...; nuestra vocación a la vida es un viaje en el cual pueden hacerse menos duros el cansancio y los rigores del clima, cuando el asombro de lo nuevo pone en movimiento nuestros pies. La vida es un viaje y la libertad no tiene precio. Nuestro mejor pan para darle sentido a nuestro peregrinar y satisfacer nuestra hambre es la Palabra de Dios.

Estas páginas son una fraterna invitación a dejar que el Señor del tiempo toque nuestra jornada diaria, meta su mano en nuestra historia y haga que nuestro tiempo se vuelva divino y humano; dejémonos sorprender al ver cómo Dios puede hacer de nuestro diario caminar, una historia que libera, que ama, que salva. Mi tiempo y el tuyo será nuestro, será de Dios; para Dios y para todos. Estas páginas son una invitación para dejarnos retar, suave y firmemente, por ese Jesús que nos invita a romper con lo de siempre, lo ensayado, lo convencional, lo "prudente"; para vivir una vida ordinaria haciendo cosas extraordinarias: amar al amigo y al enemigo, orar por el criminal y lavar los pies a quien menos hubiéramos imaginado. Hacer de nuestro tiempo algo sorprendente porque lo ordinario ya no basta. Es tiempo para Dios.

Adviento

Primera semana de Adviento

DOMINGO

CICLO A

Isaías 2:1–5
Salmo 122:1–2, 3–4, 4–5, 6–7, 8–9
Romanos 13:11–14
Mateo 24:37–44

"No levantará espada nación contra nación, no se adiestrarán para la guerra".

Is 2:4

Reflexión: Esta visión de Isaías puede parecer un sueño demasiado hermoso para ser verdadero. También es cierto que Dios nos presenta el proyecto del Reino no solo como un sueño, sino como una exigencia para atrevernos a soñar y romper el cerco de una mentalidad calculadora y miope, que inhibe esta dimensión divina en cada uno de nosotros. Para ello es preciso soñar, como José, el hijo de Jacob; como Dios en la mañana de la creación; como los grandes cristianos, que desde su pequeñez supieron albergar la grandeza de Dios en su interior y se dejaron transformar por el poder de la bondad divina para cristalizar sueños, porque la fuerza del amor no conoce límites. En consecuencia, ya a nadie le interesará adiestrarse para la guerra. Las destrezas apuntaran en otra dirección; las nuevas habilidades estarán regidas por el hambre de verdad, de dignidad, de justicia y de paz. Lo que ahora se alzará será nuestra mirada con una sed de eternidad que solamente el Emmanuel, el Dios con nosotros, podrá llenar. Aun en el momento de la captura de Jesús en el huerto, Pedro levanta la espada para defender a Jesús y este le ordena que la baje. La única arma que esgrime Jesús en el Calvario es la fuerza de la misericordia; es la única arma que puede traspasar los corazones, no para matarlos, sino para darles una nueva oportunidad de vivir.

Pregúntate: ¿He permitido que la bondad sea la fuente de inspiración para atreverme a soñar en grande, como Dios?

Oración: Señor del Adviento, que tu presencia me despierte para soñar y ser capaz de recrear este mundo tuyo y nuestro, donde pueda recuperar el sentido de tu presencia que suavemente me reta a ver, caminar e ir más allá de mi pequeño y asfixiante mundo. Amén.

Propósito: Tomaré las lecturas de la Misa del próximo domingo y dejaré que la Palabra de Dios me rete a abandonar mi conformismo y comodidad para atreverme a soñar, a visualizarme haciendo el bien, más allá de mi acostumbrada "prudencia".

DOMINGO

CICLO B

Isaías 63:16–17, 19; 64:2–7
Salmo 80:2–3, 15–16, 18–19
1 Corintios 1:3–9; Marcos 13:33–37

"Pues bien, Yahvé, tú eres nuestro Padre. Nosotros
la arcilla y tú nuestro alfarero, la hechura de tus
manos todos nosotros…"

Is 64:7

Reflexión: Cuando la imagen de Dios reaparece en
nuestro horizonte, nos sucede igual que al Pueblo de
Israel: el momento del despertar de la conciencia es
doloroso porque la culpa aumenta. La pena es más grande
al darnos cuenta de que hemos sido víctimas de nosotros
mismos. Perdimos nuestra identidad, nos confundimos
con otros criterios baratos, y la vida y nuestra propia
naturaleza nos pasan la factura. Pero Dios permanece
ahí, paciente, y no se queda con los brazos cruzados.
También nos ayuda la nostalgia que nos provoca recordar
quiénes somos realmente, porque la memoria nos refiere
a quien nos hizo. Incluso con dolor y llanto, nos ayuda
darnos cuenta que tuvimos que renunciar a importantes

trozos de nuestra vida, porque vivimos en un estado de adormecimiento social y doblamos la espalda ante nuestros propios verdugos, quienes, disfrazados, nos sedujeron con luces y promesas, y terminamos vendiendo una parte importante de nosotros mismos. Caímos en la trampa de creer que fuimos lo que jamás seremos, igual que le sucedió a Adán y Eva con la serpiente. Perdimos la noción y el gozo de sabernos tierna y firmemente moldeados por las manos paternas del Gran Artista del universo. Algo pasa hoy día que se nos sigue olvidando que la única forma de vivir felices en este mundo cambiante, es dejarnos acariciar por las manos del Padre quien tiernamente está dispuesto a recrearnos para que no perdamos jamás la única imagen que nos permite ser verdaderamente… la imagen de Dios.

Pregúntate: ¿Ha habido algún rol social al que consciente o inconscientemente, en algún momento de mi vida, le vendí mi identidad?

Oración: Señor del Adviento, rodéame con tus brazos de padre y que tus manos vuelvan a moldear mi barro; que descubra el gozo de saberme dócil entre tus manos de artista para seguir siendo un instrumento tuyo. Amén.

Propósito: El día de hoy, el primero del resto de mi existencia, me daré permiso de ser simplemente humilde para dejar que la imagen de Dios se asome a través de mí y de mis tareas diarias.

DOMINGO

CICLO C

Jeremías 33:14–16
Salmo 25:4–5, 8–9, 10, 14
1 Tesalonicenses 3:12–4:2
Lucas 21:25–28, 34–36

"En aquellos días y en aquella sazón haré brotar para David un Germen justo, que practicará el derecho y la justicia en la tierra".

JR 33:15

Reflexión: Los tres reyes de Israel, Saúl, David y Salomón, no pudieron satisfacer las expectativas que el pueblo de Israel había puesto sobre ellos. La noción de justicia y de derecho en la mente de Dios dista mucho de lo que nosotros, aun en las sociedades más "evolucionadas", seguimos entendiendo. La justicia, en términos humanos, lo mismo que el derecho que rige la vida de la sociedad, se presenta como dar a cada quien lo que le corresponde; pensamiento que Jesús denuncia: "Amarás a tu prójimo y odiarás a tu enemigo. Pero yo les digo: Amen a sus enemigos, oren por sus perseguidores" (Mt 5:43-44). La justicia, para Dios, es dar a cada uno, no lo que merece, sino lo que necesita. Este es el nuevo orden, el nuevo derecho cristiano, el cual implica la capacidad compasiva para leer las necesidades de nuestros hermanos y hermanas, inspirados por la misericordia. La misericordia es la única fuente de inspiración que no se equivoca acerca de nuestros vecinos de jornada, acerca de lo que están necesitando. Obviamente, este pensamiento cristiano, que en realidad es un estilo de vida, rompe con todo sistema social que solo trata de proteger intereses individuales. Subrayo: intereses, no necesidades reales. En tiempos de Jesús era importante proteger al huérfano y a la viuda; pero los intereses de los poderosos siempre estaban, al igual que ahora, antes que las necesidades de los más vulnerables. El descendiente de David, Jesús, ha puesto en nuestras manos y en nuestro corazón, las herramientas para vivir la justicia divina y el derecho, si somos capaces de acercar un trozo de nuestro pan al que tiene hambre; de dar, no consejos, sino darnos a nosotros mismos como hizo Él.

Pregúntate: ¿Podré algún día darle al familiar con el que más dificultades tengo aquello que me he dado cuenta que necesita sin esperar nada a cambio?

Oración: Señor, no hay mejor forma de impartir justicia que tu infinita misericordia. Ayúdame a "des-aprender" los mecanismos egoístas de la sociedad actual y a cambiar mis juicios y criterios por un poco más de misericordia. Amén.

Propósito: El día de hoy ejercitaré la capacidad divina que tienen mis ojos para detectar la necesidad o necesidades de la persona con quien más convivo y haré algo concreto al respecto.

LUNES

Isaías 2:1–5 (B o C)
Salmo 122:1–2, 3–9
Mateo 8:5–11

"Forjarán de sus espadas azadones, y de sus lanzas, podaderas".

(Is 2:4

Reflexión: Cansados de luchar por sobrevivir y anestesiados por las expectativas sociales y personales, nos damos cuenta de que también es cierto que las ganas de vivir disminuyen, porque las ansias de acumular y defender lo que nos pertenece, nos hacen maestros en la elaboración de armas sofisticadas para proteger nuestros intereses. También la existencia nos puede cansar, si lo único que empuñamos en nuestra mano son amenazas que contaminan nuestro interior y el entorno en que vivimos. También es cierto que nuestro corazón anhela un poco de aire fresco, de algo distinto, un nuevo orden de cosas donde sea posible este sueño de Isaías que me lleve a transformar esta boca mía. Entonces, mi boca dejará de ser una ballesta que lanza ironías y descalificaciones a quienes no piensan como yo, y se convertirá en una fuente de sonidos y voces que curan, que animan, que despiertan los dones de kis demás. Mi metralleta que lanza prejuicios, de pronto, esperando al Mesías, se convierte en una herramienta que ofrece opciones a quienes tienen o quieren vivir junto a nosotros. Adviento es un permiso humano-divino para atrevernos a soñar en todo aquello que es posible y que nuestro egoísmo ha hecho imposible. Es tiempo para que nuestras espadas se atrevan a cultivar todos esos dones que traemos sepultados entre nuestros intereses mezquinos y los hagamos florecer para crear un jardín multicolor

Pregúntate: ¿Qué me impide transformar mis palabras de enojo y frustración en palabras de aliento y amabilidad para sanar al que está enfermo?

Oración: Señor del Adviento, toca mis labios y mis manos. Transforma la energía de mi enojo en fuerza para hacer florecer una sonrisa en quien yo sé que está perdiendo la esperanza

Propósito: Me daré el permiso de disfrutar al ver cómo mi boca se transforma dejando de ser una fuente de juicios para ofrecer una palabra de aliento a quien yo sé que la necesita.

MARTES

Isaías 11:1–10
Salmo 72:1–2, 7–8, 12–13, 17
Lucas 10:21–24

"No juzgará por apariencias ni sentenciará de oídas".

Is 11:5

Reflexión: Seguramente ha sido difícil para ti y para mí sobrevivir en esta cultura de la imagen, del culto a lo superficial. Seguramente, porque la honestidad no vende ni la verdad es rentable. Como sociedad se nos ha hecho fatalmente normal rendir culto a la máscara y al disfraz. Obviamente, este estado de cosas solo crea en nosotros un vacío que nos lleva a sobrevivir descalificando a quienes tenemos a nuestro lado. Los códigos de conducta aprendidos en nuestra familia probablemente fueron, en mucho, superficiales; y la fórmula más barata de la que nos hemos servido para proteger nuestra "nada interior" ha sido degradar a los demás, creyendo que, "entre ciegos, si yo soy tuerto, puedo ser rey". Esto nos lleva a hacer juicios temerarios o a decir frases que empiezan con el típico "seguramente que…". Vivimos atorados, atrapados en el juego de los disfraces y apariencias. No sucede así con el "renuevo del tronco de Jesé", el Mesías, quien no solo va más allá de las apariencias, sino también más allá de lo acostumbrado, restableciendo una armonía rota, permitiendo el asombro de ver al lobo y al cordero convivir pacíficamente. Esto nos permite celebrar que "…está lleno el país con la ciencia del Señor".

Pregúntate: ¿Me he dado cuenta, antes de juzgar, de que detrás de cada rostro hay una historia que seguramente no conozco?

Oración: Dios de infinita misericordia, concédeme el gozo de disfrutar tu huella en mi interior y hacer una fiesta con las maravillas que guardan los corazones de aquellos con quienes convivo.

Propósito: Consideraré como tiempo perdido emitir juicios aventurados. Hoy apuesto con mi corazón por la belleza interior de las personas con las que convivo.

MIÉRCOLES

Isaías 25:6–10a
Salmo 23:1–3a, 3b–4, 5, 6
Mateo 15:29–37

"Consumirá en este monte el velo que consume a todos los pueblos ".

Is 25: 7

Reflexión: El verdadero tesoro siempre lo encontraremos debajo de la superficie. Por lo general, lo que vale requiere de un trabajo de búsqueda, de esfuerzo. Lo superficial es evidente para quien ha decidido quedarse instalado, pasivo, sin otro esfuerzo que mantener reservado el sitio de siempre. Los juicios fáciles serán apetecibles para la gente ociosa, para quien ha hecho de la superficie su ambiente natural.

Cuando el Señor de los ejércitos quita el velo que cubre a los pueblos, es cuando finalmente deja al descubierto lo que estaba oculto. Y, en realidad, quienes construyen los pueblos son las personas como tú y como yo. También nosotros podemos cultivar el deseo de que el Señor nos quite el velo de los ojos para descubrir los tesoros escondidos en nosotros, en nuestros semejantes y en los acontecimientos de la vida diaria. Por supuesto que hacen falta ojos y corazones que sean capaces, no solo de descubrir los tesoros que hay detrás de los "velos superficiales", sino de volver a revisar sabiamente la vida, reubicar nuestra escala de valores y sentarnos a la misma mesa a celebrar. ¿A celebrar qué? La abundancia de los tesoros que hay en el interior de cada uno, los tesoros que se ocultan debajo de los disfraces. De ahora en adelante, estos tesoros se convertirán en una plegaria de agradecimiento al Señor, que nos desvela las riquezas que poseemos y nos rodea de dones sorprendentes, producto de su Providencia: desde un amanecer hasta una poesía arrancada de nuestras manos, nacida de nuestra pluma.

Pregúntate: ¿Hay alguna careta que uso con más frecuencia de lo que me imaginaba?

Oración: Señor, enjuga las lágrimas de mis ojos para descubrir tu presencia en mi interior y transformar mi vida diaria en una plegaria de agradecimiento.

Propósito: Me regalaré un momento de silencio y soledad, y le ayudaré al Señor a quitar el velo de mi persona para descubrir y enumerar tantos dones que poseo y ponerlos al servicio de quienes me rodean.

JUEVES

Isaías 26:1–6
Salmo 118:1, 8–9, 19–21, 25–27a
Mateo 7:21, 24–27

"Confíen en Yahvé por siempre jamás, porque en Yahvé tienen una Roca eterna".

Is 26:1

Reflexión: La necesidad de seguridad es esencial para cualquier ser humano, incluso también para los animales. Cualquier necesidad, para ser satisfecha correctamente, tiene que ser educada, especialmente en los seres humanos. Educar y tomar conciencia debería ser el mismo proceso. Dios nos educa, no nos domestica como a veces sucede con los medios de comunicación masivos, sobre todo en Occidente. Mi conciencia –como capacidad de darme cuenta–, me llevará a confiar en algo, en realidades que desde pequeño he considerado como fuentes de seguridad: el dinero, el vicio, el trabajo, las apariencias sociales, la violencia, las muletillas al hablar, etc. Por tanto, de lo que nos sentimos seguros, de ello nos apropiamos y es difícil que lo soltemos. Nos llenamos de apegos que nos hacen la vida lenta y cansada, colmada de miedos. El Señor, a través de la historia de Salvación, nos ha formado para confiar, no en algo, sino en Alguien, en

Él. Confiar en Dios significa soltar, abandonar a cambio de experimentar el viento fresco de la libertad. Nos despedimos de la tiranía de nuestra tendencia al control a cambio de la certeza, sencilla y serena, de que un par de manos, infinitamente más fuertes que las nuestras, están ahí para sostenernos. A cambio de todo ello tendremos el gozo de sentirnos sorprendentemente libres y amados.

Pregúntate: Honestamente, ¿en qué tengo puesta mi confianza?

Oración: Señor, nuestro paso por este escenario del mundo es muy breve. Toma mi barro y concédeme la gracia de afrontar mis miedos y de abrazar la confianza que me lleva a arrojarme a tus brazos de Padre, desnudo y pobre de todo menos de ti. Amén.

Propósito: Escogeré un lugar y un momento de soledad y silencio. Delante del Señor, haré una lista de mis miedos más significativos y descubriré el alivio que se experimenta al colocarlos en las manos paternas de Dios.

VIERNES

Isaías 29:17–24
Salmos 27:1, 4, 13–14
Mateo 9:27–31

"¡Ten piedad de nosotros, hijo de David!"

MT 9:27

Reflexión: El primer paso hacia la libertad es reconocer que hay otras formas de ver las cosas y que mi punto de vista no es el único ni el mejor. La misma ceguera física nos regala otra forma de ver, sin quedarnos atrapados en las formas, en los colores o en el oropel. Se da un progreso mientras voy descubriendo valientemente mi ceguera y, quizás, aumente mi confusión al darme cuenta de que en realidad no veía, cuando creía que sí lo hacía. Es entonces cuando irónicamente sentiré gratitud por mi propia ceguera, ya que gracias a ella pude descubrir que la única luz que me permitirá ver es la honestidad y el aprender a mirar con el corazón. La fe nos ayuda a ver con el corazón, no solo lo material, sino también lo que está más allá de lo que vemos.

Pregúntate: ¿Qué significa para mí ver con el corazón?

Oración: Señor del Adviento, gracias por permitirme descubrir que no es solo con los ojos físicos con los que puedo ver. Cura la ceguera de mi corazón para experimentar el gozo de tu presencia en cada rostro que se cruce en mi camino. ¡Jesús, Hijo de Dios, que vea!

Propósito: Cerraré los ojos por unos minutos y dejaré que mi corazón detecte tantas maravillas con las que Dios ha adornado mi entorno.

SÁBADO

Isaías 30:19–21, 23–26
Salmos 147:1–2, 3–4, 5–6
Mateo 9:35–10:1, 5–8

**"Con tus oídos oirás detrás de ti estas palabras:
'ese es el camino, vayan por él, ya sea a la derecha,
ya a la izquierda".**

Is 13:21

Reflexión: El amor de Dios es presencia. El Señor parece ser un enamorado que se hace el encontradizo y traza en el cielo una tarde en encendidos rojos y anaranjados para decirte lo mucho que te ama. Es el mismo amor que te toca con una gota de agua prometiendo una lluvia abundante. Un enamorado que a lo mejor no te distrae con palabras, pero del mismo modo te abraza con su presencia cálida, fuerte y sorprendente. Es la palabra creadora que no emite sonidos, sino que crea este universo, el cual a su vez se encarga de decirte que el amor de Dios no pudo contenerse en el cielo, sino que tenía que venir a la tierra para acompañarte a cada paso de tu jornada. Un amor que quiere que tú, a su vez, te hagas heraldo de ese amor divino

Pregúntate: ¿Me he percatado de cómo Dios me manifiesta su amor a través de la naturaleza? ¿Cuándo?

Oración: Señor del Adviento, no dejes de envolverme con la belleza de tu Creación hasta que pueda sentir la caricia de tu presencia en mi vida.

Propósito: Me detendré ante un atardecer y me dejaré envolver por la belleza de Dios, mientras repito una oración de acción de gracias.

Segunda semana de Adviento

DOMINGO

CICLO A

Isaías 11:1–10
Salmo 72:1–2, 7–8, 12–13, 17
Romanos 15:4–9;
Mateo 3:1–12

"Aquel día brotará un renuevo del tronco de Jesé, y de su raíz florecerá un vástago".

SAL 72

Reflexión: Me fascina la insistencia de Dios para romper nuestros esquemas que tanto nos limitan y para presentarnos su "estrategia" de arrancarle a la muerte, la vida; de vencer a la obscuridad, bañándonos con su luz; de retar a los poderosos del planeta con la vulnerabilidad de un infante naciendo en un establo; que hace brotar de un pequeño muñón toda una generación de reyes y al mismo Mesías. Es sorprendente descubrir cómo, de la desesperanza de un tronco ya maduro, es justo de ahí de donde sale la frescura de la libertad. Se cancela la condena y aparecen los colores, los aromas y las formas de una vida nueva. Un vástago es una colección infinita de energía que está esperando el momento oportuno para abrirse. Es como un grito en el desierto de la rutina, de lo ya visto, de lo ya programado. Es ahí donde el Salvador se manifiesta, florece y nos invita a cambiar la dirección de nuestra vida sin sentido y sin dirección; a dejar que el Espíritu del Señor se pose sobre cada uno de nosotros para recuperar la sabiduría y tener la valentía para dejarnos seducir por Él.

Pregúntate: ¿Podré descubrir en los detalles sencillos que me rodean la grandeza de Dios que está a punto de sorprenderme?

Oración: Señor del Adviento, mantén viva mi capacidad de admiración para redescubrirte en los detalles más pequeños de mi jornada y en las personas que he marginado o sigo considerando "no deseables". Que no se me olvide que esos rostros son tus preferidos.

Propósito: Practicaré durante este día el arte de descubrir el retoño que florece en medio de la tragedia, ya sea personal o ajena.

DOMINGO

CICLO B

Isaías 40:1–5, 9–11
Salmo 85:9–10, 11–12, 13–14
2 Pedro 3:8–14
Marcos 1:1–8

"Consuelen, consuelen a mi pueblo, –dice su Dios–
. Hablen al corazón de Jerusalén y díganle bien alto
que ya ha cumplido su milicia, ya ha satisfecho por
su culpa... "

Is 40:1-2

Reflexión: El exilio de Israel es una consecuencia
por haber roto el pacto de amor con Dios. Y cuando
la desesperanza va creciendo en el corazón de los
israelitas, Dios, como buen pastor, no puede contemplar
indefinidamente este espectáculo. No puede resistir
que vayan a la ruina aquellos a quienes ama. Es como
si la ternura de su corazón explotara y necesitara
imperiosamente manifestarse. En realidad, no sé si
el Señor viene, pues en realidad nunca se ha ido. Es
mi despertar, es como encender la luz para rasgar las
tinieblas de la somnolencia e indiferencia y sentir que
la Buena Nueva trae nuevamente la vida a mi cuerpo...
medio muerto y medio vivo. Alguien ha pagado con

creces por ti y por mí, el precio de nuestra culpa, no solo personal, sino generacional. Ha terminado el tiempo de la condena. Con el sol que nace de lo alto, con la experiencia de tener a Dios de nuestro lado y entre nosotros, inicia una nueva era, el tiempo del Reino donde el viejo estado de cosas desaparece y se instaura una nueva y promisoria forma de vivir. Esta nueva forma de vivir se inspira solo en el amor, en la fraternidad, donde lo que era imposible, ahora se vuelve nuestra forma ordinara de vida. El Señor llega. Ya no hay tiempo para la guerra ni para la desesperanza. La luz brilla en nuestra casa, en nuestro mundo.

Pregúntate: ¿Cuando el sentimiento de culpa me consume por dentro, he dejado algún espacio para que la misericordia de Dios me toque y me sane?

Oración: Señor, que el silencio de María se vuelva una virtud en mí, para atender a tu llamado y finalmente que seas Tú el que use mi cuerpo y mi ser para convertirme, entre tus manos, en un instrumento de tu consuelo. Amén.

Propósito: Igual que María, me entrego y acepto ser instrumento de la misericordia de Dios. Por tanto, hoy estaré atento a escuchar para consolar o curar con mi capacidad fraterna de silencio; para escuchar a quien tiene algo guardado en su pecho y necesita compartirlo.

DOMINGO

CICLO C

Baruc 5:1–9
Salmo 126:1–2, 2–3, 4–5, 6
Filipenses 1:4–6, 8–11
Lucas 3:1–6

"Levántate Jerusalén, súbete en alto, mira hacia oriente y contempla a tus hijos convocados desde oriente a occidente..."

SALMOS 126:3

Reflexión: Después de la trágica experiencia del exilio, el pueblo de Israel tiene grabada en su memoria, tanto el dolor de la esclavitud en tierra extraña como la palabra de esperanza del Profeta. Entonces recibe el reto: "ponte de pie y sube a la cima". Ninguno de nosotros está exento de la tragedia, del dolor y de la rabia de nuestras expectativas no cumplidas; del vacío después de sepultar a un ser querido o de la angustia durante las interminables horas en la sala de espera de un hospital. Con profundo respeto, Dios nos deja elegir entre quedarnos a lamer nuestras heridas o respirar profundo y levantar la cabeza con esperanza, sabiendo que Él está con nosotros, tanto en la sala de espera del hospital como cuando arreglamos el cuarto de la persona a quien hemos querido tanto y que se ha ido para no volver. Es el Emmanuel quien no nos cambia la historia, pero nos toma de la mano y nos ayuda a observar nuestra cotidianidad, no desde el valle, sino desde la cima. Nos invita a cambiar de perspectiva y está ahí con nosotros, siempre discreto, siempre presente, tomándonos de la mano.

Pregúntate: En el momento de la dificultad, ¿sabré descubrir cuánto he podido crecer gracias a las mismas dificultades?

Oración: Señor, puedo ver las lágrimas rodando por tus mejillas al saber que tu amigo se había ido. Me enterneces y me convences tanto, que no puedo dudar ni un instante de que, cuando el sufrimiento llama a mi puerta, tu mano y tu caricia callada ya se han adelantado a mi dolor.

Propósito: Si recibo una noticia desagradable este día, delante de la cruz, hablaré con Jesús de ella y experimentaré su presencia, su mano tomando la mía.

LUNES

Isaías 35:1–10
Salmo 85:9ab, 10, 11–12, 13–14
Lucas 5:17–26

"...subieron a la azotea, le bajaron con la camilla a través de las tejas y le pusieron en medio, delante de Jesús".

Lc 5:20

Reflexión: La mayoría de las enfermedades espirituales que afectan a los seres humanos son porque no hemos permitido que los dones de Dios lleguen a nuestro interior. Los dejamos fuera y no son capaces de tocarnos y sanarnos. No vaya ser que sigamos rigiendo nuestra vida por los miedos que nos llevan a poner cerrojos a nuestras ideas, a nuestras cosas, a nuestras casas, a nuestros intereses y nos quedemos atrapados en nosotros mismos. La fe no conoce límites. Es capaz de levantar la tapa de "mi azotea" y permitir que lo inusitado penetre hasta el centro de mi ser; podré encontrarme con Jesús y experimentaré el placer de ver cómo mis dones se multiplican, porque finalmente la "tapa de mi azotea" ha sido removida igual que la piedra del sepulcro, para dejar atrás a la muerte y respirar el aire fresco de la vida y de la esperanza.

Pregúntate: ¿En verdad creo que mis dones me pertenecen o que son para alguien más?

Oración: Señor del Adviento, que sea capaz de dejar mis antiguas seguridades, de abrir los cerrojos de mis miedos y atreverme a seguirte, dejándome retar dulcemente por ti a descubrir los horizontes fascinantes de tu Reino.

Propósito: Descubriré con gozo la sabiduría en el comentario de la persona, que de alguna forma desea que yo la escuche, sin dejarme llevar por mis prejuicios.

MARTES

Isaías 40:1–11
Salmo 96:1–2, 3, 10ac, 11–12, 13
Mateo 18:12–14

"...no es voluntad de su Padre celestial que se pierda uno solo de estos pequeños".

Mt 18:14

Reflexión: El Padre habla del pequeño que se pierde y del gozo que se experimenta al encontrarlo. Esta alegría profunda es parte de nuestra espiritualidad, la cual pone al amor como la principal motivación para buscar al que se ha perdido. No son el enojo o la frustración los que animan la búsqueda y mucho menos el encuentro. Es el poder del amor el que nos despierta y el que desarrolla el sentido de lo que es verdaderamente importante; el que nos enseña lo que está bien o mal, o nos dice quién es el que está perdido. Es la misericordia la mejor brújula para llevarnos a encontrar al que está perdido y corona la hazaña con el gozo del encuentro, al que irremediablemente sigue la celebración, la fiesta de la vida y de la solidaridad fraterna. La misericordia puede curar encontrando o encontrar curando, porque es el amor el que nos ayudará a volvernos a los brazos del Padre.

Pregúntate: Frente a una persona que se equivoca, ¿qué es lo que te gobierna?, ¿el enojo y la dureza de juicio? o, alguna vez, ¿la bondad?

Oración: Señor del Adviento, ilumíname con tu Espíritu de amor para poder acercarme a quien se ha equivocado, con la certeza de que solo tu misericordia es capaz de levantar a quien ha caído.

Propósito: Me convenceré de que solo amando a quien ha errado el camino estaré moralmente autorizado a corregirlo.

MIÉRCOLES

Isaías 40:25–31
Salmo 103:1–2, 3–4, 8, 10 ; Mateo 11:28–30

"Vengan a mi todos los que están cansados y sobrecargados y yo les daré descanso".

MT 11:28

Reflexión: Lo esencial, lo básico, lo que realmente importa, ordinariamente no siempre es lo que nos agobia. Más aún, solo recuperando lo que verdaderamente tiene sentido experimentaremos alivio. No lo podemos negar. El mundo en el que vivimos gasta mucha energía en accesorios, en las luces de afuera, en maquillar la superficie. Lo que importa en esta cultura "desarrollada" es la eficiencia, lo productivo, lo rentable. Pretende encontrar la felicidad en lo que se vende y justo ahí es donde jamás la va a encontrar. Y es una sensación frustrante ver que nos estarnos moviendo constantemente para esconder nuestro vacío interior, un vacío del que no podemos escapar. Esto nos llevará a no ser capaces de levantar la mirada y encontrarnos con el rostro de Aquel que es el camino, la verdad y la vida; Aquel que con una sonrisa, nos extiende las manos para que le entreguemos tantos fardos inútiles con los que hemos complicado nuestra existencia para que finalmente nos atrevamos a despojarnos de todas las antiguas costumbres que tanto nos han envejecido y por las que hemos cambiado lo que realmente importa. El único yugo que libera, que descansa, que revitaliza, que hace más ligero el camino es el de la cruz. Nos redime de lo pasajero y nos colma de sentido.

Pregúntate: En mi vida cotidiana, ¿qué es lo que más me agobia?

Oración: Señor, toma mi cansancio como producto de mi trabajo y mi agobio, como desprendimiento de mis preocupaciones, las cuales no me ayudan en nada y me separan de lo que verdaderamente importa: mi responsabilidad y tu Providencia amorosa.

Propósito: En un momento del día, de mayor cansancio, respiraré profundamente, recuperando lo que me permite estar vivo, el oxígeno, para regalar una palabra de aliento a la primera persona que encuentre.

JUEVES

Isaías 41:13–20
Salmo 145:1, 9, 10–11, 12–13ab
Mateo 11:11–15

"Yo el Señor... convertiré el desierto en lagunas y la tierra árida en hontanar de aguas".

Is 41:18

Reflexión: La mano de Dios, la que está acostumbrada a crear lo inimaginable, lo asombroso, la que le arranca a la nada todo el universo, esa misma mano –dice el Profeta– es la que toma la tuya y, como un padre, te lleva a dar un paseo por las maravillas de su Creación, como un entrenamiento para que tus ojos puedan gozar de la acción creadora de Dios en cada detalle del universo. Es como si al contacto de tu mano con la de Dios se te comunicara la misma capacidad creadora para, con tu amor, crear un mundo más bello. No solo heredas de Dios la capacidad de cuidar su Creación, sino también el don de seguir creando, en su nombre, espacios humanizantes, donde tus hermanos y hermanas puedan recuperar la memoria de su dignidad. Dios manifiesta también su poder creador a través de tus pobres manos, ahora divinizadas por su misericordia.

Pregúntate: En mi vida diaria, ¿qué es lo que normalmente se queda impreso en mis manos?, ¿la esperanza?, ¿la alegría?

Oración: Señor, que no me acostumbre a lo de siempre. Que pueda sentir nuevamente cómo tu mano me toma y entusiasma para descubrir las maravillas con las que tú intentas sorprenderme a cada momento.

Propósito: Identifica tres regalos que Dios te ha dado con los cuales puedes ayudar a una de las personas con las que convives todos los días. Recuérdale algo positivo de su persona que posiblemente ha olvidado.

VIERNES

Isaías 48:17–19
Salmo 1:1–2, 3, 4, 6
Mateo 11:16–19

"... amigo de publicanos y pecadores"

Mt 11:19

Reflexión: Es simplemente fascinante descubrir a este Jesús del Evangelio que busca insistentemente a los publicanos, a los pecadores, a la gente socialmente despreciada. Es Jesús el que se detiene y atiende a la viuda que ha perdido a su hijo único; al ciego, cuyos gritos molestos le hacen detenerse; a los leprosos, a quienes no solo se acerca, sino que toca y su toque provoca siempre la salud y la salvación. Llama a Mateo, el odiado cobrador de impuestos, y se complace en hospedarse en su casa. Obviamente, Jesús no se dejó influir por las desaprobaciones de la "gente de bien"; de hecho, el primero en entrar al Paraíso no fue una persona devota, sino un ladrón. Jesús no se entretiene con la gente buena, parece que tiene urgencia de llegar a donde nadie quiere llegar por temor a contaminarse. Jesús llega y hace que su misericordia devuelva la dignidad a la mujer adúltera, después de que la "gente buena" le había cerrado las puertas para su rehabilitación moral y social, y la habían condenado a morir.

Pregúntate: ¿Ha habido alguna persona cuyo rostro me haya parecido desagradable y en el cual he descubierto trazos del rostro de Jesús?

Oración: Señor de aquellos a quienes hemos marginado con nuestros juicios y condenas, ayúdame a entender que cuando un hermano o hermana mía tiene enfermo el corazón, es porque en realidad vivimos en una sociedad enferma de indiferencia y egoísmo. Que mis manos no apunten señalando a culpables, sino que, en tu nombre, se extiendan dispuestas a amar. Amén.

Propósito: Delante de quien difiere de mí, cambiaré mis prejuicios por la escucha respetuosa y la comprensión; las piedras de mis manos desaparecerán y estarán listas para comprender en vez de condenar.

SÁBADO

Sirácide 48:1–4, 9–11
Salmo 80:2ac, 3b, 15–16, 18–19
Mateo 17:9a, 10–13

"Así también el Hijo del Hombre tendrá que padecer de parte de ellos".

MT 17:10

Reflexión: Desde el primer momento de la Creación, la tentación de nosotros, criaturas, ha sido tomar el lugar de Dios. Nuestras pretensiones de poder manejar el planeta a nuestro antojo han estado presentes todo el tiempo a lo largo de la historia de la humanidad. Lo que nos ha costado un precio de sangre es creer que las cosas y las circunstancias de nuestra vida personal y social, las podemos cambiar a nuestro antojo, olvidando que las personas no son islas y que cada cerebro tiene sus propios modos de pensar y de procesar los eventos de la historia personal y social. La necedad humana de pretender imponer ideas e intereses, nos ha llevado a episodios de violencia y sangre. Jesús y los mensajeros de Dios –los profetas– no escaparon a esta necedad social. Y cuando el egoísmo se reviste con ropajes religiosos, la tragedia es aún mayor. Jesús no solo trae una propuesta revolucionaria en términos que la lógica humana no entiende, sino que los considera o absurdos o peligrosos. Jesús propone un nuevo orden de cosas. El poder no está en los palacios, sino en una rodilla doblada que encuentra lo esencial en el servicio fraterno. El poderío no se consigue con las espadas ni con armas de fuego, sino con un par de manos desnudas entrenadas para lavar los pies de cualquier ser humano en busca de sentido.

Pregúntate: ¿En algún momento de mi vida he permitido que la caridad triunfe sobre la razón? ¿Me sorprende?

Oración: Señor, que jamás los argumentos vuelvan a ser más importantes que las mismas personas. Que tu corazón junto con el mío me ayuden a entender lo que verdaderamente importa

Propósito: Descubriré en la primera persona que piense distinto de mí, la sabiduría que está escondida detrás de lo que me dice y que no quiero aceptar. La razón no siempre es lo más importante; el corazón es el punto de referencia.

Tercera semana de Adviento

DOMINGO

CICLO A

Isaías 35:1–6a, 10
Salmo 146:6–7, 8–9, 9–10
Santiago 5:7–10
Mateo 11:2–11

"Fortalezcan las manos débiles, afiancen las rodillas vacilantes; digan a los de corazón intranquilo: ¡Ánimo, no teman!".

Is 35:3

Reflexión: Los destinatarios originales de este texto pertenecían a un pueblo que padecía la esclavitud, que estaba experimentando el sufrimiento a flor de piel, cuya esperanza languidecía y estaba a punto de desaparecer. La integridad de la persona está rota. Entonces el profeta, la boca de Dios, alza la voz para curar las heridas con una buena noticia.

El Señor viene en persona, nos rescatará, nos salvará. Puede ser que alguno se acostumbre a pedir ayuda y no es raro que cuando la tiene, ya no sabe qué hacer con ella. Algo igual nos sucederá si nuestra inconsciencia nos sigue gobernando. Es necesario entonces, no solamente entender, sino estar dispuestos a entrar en una relación humano-divina que tiene el poder de sanar y salvar. Dejar que el dolor solamente duela y apagar nuestros reclamos, nuestros discursos y explicaciones; dejarse acariciar en el silencio por la presencia de este Dios que requiere de nuestra escucha, de nuestro abandono total, sin miedos. Solo entregándole a Dios el control de nuestra vida podremos ser testigos de cómo se fortalecen nuestras manos débiles y se robustecen nuestras rodillas vacilantes. De esa forma estaremos en condiciones, igual que el profeta, de gritar a los débiles de corazón: sean fuertes, no teman, Dios ha decidido intervenir en nuestra historia.

Pregúntate: ¿Estaría dispuesto a prestarle mi boca a Dios para que acaricie con su palabra la tragedia de la persona de al lado?

Oración: Señor del Adviento, sé que más de una vez he vendido el control de mi vida a tantas personas, a tantas cosas, a tantas situaciones. Estoy dispuesto a abandonarme a tus manos, aunque tenga que correr el riesgo de soltar mis propias redes. Amén.

Propósito: Evitaré quejarme hoy. Delante de la cruz haré un momento de silencio para escuchar y me atreveré a poner el control de mi vida en las manos de Jesús.

DOMINGO

CICLO B

Isaías 61:1–2a, 10–11
Lucas 1:46–48, 49–50, 53–54
1 Tesalonicenses 5:16–24
Juan 1:6–8, 19–28

"El Espíritu del Señor Yahvé está sobre mí, por cuanto que me ha ungido Yahvé. A anunciar la buena nueva a los pobres me ha enviado, a vendar los corazones rotos…"

Is 61:1

Reflexión: En cualquier dirección a donde se dirija nuestra mirada, nos toparemos con el dolor, la inseguridad, la frustración, el abuso. Habrá pregoneros digitales en la televisión, en internet o en cualquier otro medio electrónico, que traten de justificar una forma de hacer las cosas que sigue perjudicando a la gente más vulnerable y cada vez menos favorecida. Habrá otros merolicos sofisticados en escenarios bien decorados, que estarán amenazando y usando el miedo para favorecer su posición ideológica con ropaje religioso. Esta realidad es tan antigua como los grupos humanos. Del mismo modo, Dios no se ha quedado con los brazos cruzados y llama, y envía a quienes queremos responder. Y, llenos de la fuerza de Dios, dejaremos florecer nuestro bautismo para recuperar la presencia del Espíritu en nosotros y ejercer, humana y misteriosamente, la misericordia de Dios. Asumiremos la sorprendente tarea de pregonar, en nuestro ambiente de trabajo, en nuestra familia, frente al cajero en el supermercado, con la persona que viaja a nuestro lado, etc., que el Señor viene y "desespera" por entrar en nuestro corazón. Desde ahí quiere sanarnos, liberarnos, darnos nuevos puntos de referencia, criterios distintos para enderezar nuestra barca.

Pregúntate: ¿Soy consciente de que, cuando guardo mis "sermones", la bondad de Dios en mí, puede salir, tocar y curar?

Oración: Señor, gracias por elegirme a pesar de no tener las credenciales adecuadas. Gracias por ungirme y derramar tu Espíritu sobre mí. Que las distracciones de la vida diaria no me alejen del camino y me atreva a entrar en tu misterio, para ser un gozoso pregonero de tu bondad. Amén.

Propósito: Hoy no tendré espacio para juicios aventurados. Haré caso a la discreta llamada del Señor a proclamar la buena nueva del Evangelio y estaré atento a la tristeza de la persona de al lado.

DOMINGO

CICLO C

Sofonías 3:14–18a
Isaías 12:2–3, 4, 5–6
Filipenses 4:4–7
Lucas 3:10–18

"Yahvé tu Dios está en medio de ti, es un guerrero que salva".

Sof 3:14

Reflexión: La presencia de Dios, su ser ilimitado e inabarcable, parecería estar muy presente en nosotros. La certeza, alimentada por la fe, de sabernos creados a imagen y semejanza de Dios, debería despertar en nosotros el gozo al saber que Dios crea, restaura y salva; y si su huella está en toda nuestra persona, potencialmente nos convierte en mensajeros de su presencia, de su amor creativo y restaurador. El Señor nuestro Dios ha declarado la guerra a la esclavitud, a la ignorancia, al odio, al abuso, a la injusticia, a la falta de respeto, a la indiferencia, a la somnolencia. Las mejores armas las ha puesto en nuestro corazón y en nuestras manos. No somos perfectos, pero sí somos guerreros. No se nos condena por equivocarnos, sino por haber dejado de luchar. A aquellos que tenemos un puesto de responsabilidad como padres de familia, supervisores, empleadores, profesores, agentes de pastoral, ministros de culto, etc., no se nos pide que seamos perfectos, sino que compartamos la sabiduría que hemos aprendido gracias a nuestras caídas.

Pregúntate: ¿Podré aceptar que las mejores armas de Dios están forjadas con su misericordia?

Oración: Señor, que nos enseñaste a rechazar la espada y a tomar de tu corazón de Padre el poder de tu misericordia, revísteme con la audacia de la caridad; que sea capaz de amar sin límites, consciente de que esa es la única forma de poner el sello de tu amor a todo lo que hago y digo. Amén

Propósito: Mañana, al amanecer, me dejaré equipar con las armas de la misericordia de Dios y me consideraré lo que soy: un guerrero dispuesto a derrotar el egoísmo en cada actividad de mi jornada.

LUNES

Números 24:2–7, 15–17a
Salmo 25:4–5ab, 6–7bc, 8–9
Mateo 21:23–27

"¿Con qué autoridad haces esto? ¿Y quién te ha dado tal autoridad?"

MT 21:23

Reflexión: Hay individuos que reciben investiduras que les otorgan ciertos poderes sobre una determinada colectividad. Son personas que, para ser reconocidas, tienen que recibir estos poderes desde afuera porque su persona, como tal, no es suficiente para ello. Habrá personas que consciente o inconscientemente han ignorado su identidad como seres humanos individuales y relacionables, y, por tanto, tendrán que satisfacer de alguna manera la necesidad psicológica de ser reconocidos. Tal reconocimiento podrá ser una credencial, un uniforme, una pandilla, un grupo musical, una vestidura excéntrica, etc. Por eso la pregunta de los sumos sacerdotes, acreditados por la institución religiosa, supone que la autoridad de Jesús requiere de credenciales "oficialmente" reconocidas. Lo más bello de la revelación del Padre en Jesús es que nos muestra una autoridad cuya fuente es el amor, una autoridad que necesariamente se traduce en hechos y actitudes concretas.

Pregúntate: ¿Necesita mi dignidad personal de la aprobación de alguien más?

Oración: Señor, concédeme el viento fresco de la autenticidad para revestirme de tu autoridad, que es amor, para que ofrezca un valioso servicio a la instauración de tu Reino en el mundo.

Propósito: Guardaré silencio a no ser que mi boca esté convencida de que lo que dice estará respaldado por mi conducta.

MARTES

Sofonías 3:1–2, 9–13
Salmo 34:2–3, 6–7, 17–18, 19, 23
Mateo 21:28–32

"En verdad les digo que los publicanos y las prostitutas llegan antes que ustedes al Reino de Dios".

MT 21:28

Reflexión: Ya se nos adelantaron. El primer "cliente" del Reino de Jesús ha sido un criminal, un ladrón. Nos cuesta trabajo entender que el Reino de Jesús se da en términos de gratuidad. No hay espacio para seguir creyendo que podemos comprar la voluntad de Dios con prácticas de piedad o rezos interminables. La bondad de las prácticas de piedad estriba en mantener nuestro corazón sensible a la sorprendente intervención de Dios en nuestras vidas. Lo que el Señor espera, como cualquier padre de familia, no es que simplemente hagas la tarea, sino que ejercites el corazón y la creatividad para ir más allá de lo establecido, como lo han hecho los grandes hombres y mujeres inscritos en la lista de los santos. Los publicanos, las prostitutas, los criminales son individuos que han tenido que atreverse, quizás por el camino fácil, que a la larga les vuele miserable la existencia; pero se lanzaron, se movieron, apostaron. Los buscadores del Reino tendrán que dejarse guiar solo por la fe, especialmente cuando es de noche y el único equipo con el que contarán será un par de sandalias y un bastón. Deberán caminar confiados en una sola Palabra, como Abraham, como María, como tantos otros hoy día que, probablemente no saben tantos rezos, pero han dejado que su corazón lata al ritmo de la misericordia de Dios.

Pregúntate: ¿Me atrevería a caminar el resto de mi vida sin otra seguridad que la fe?

Oración: Señor, ilumíname para que no desperdicie mi tiempo juzgando a las personas que, según yo, se han equivocado. Que aprenda un poco más de aquellos que no se han quedado quietos y que se han atrevido a dejar que la misericordia sea lo primero que aparezca en su rostro y en sus manos.

Propósito: Estaré un poco menos atento o atenta a mis rezos y me atreveré un poco más para descubrir y atender la necesidad callada de los que comparten conmigo el mismo techo.

MIÉRCOLES

Isaías 45:6c–8, 18, 21c–25
Salmo 85:9–10ab, 11–12, 13–14
Lucas 7:18b–23

"Yo soy Yahvé, no hay ningún otro..."

Is 45:5

Reflexión: Con un poquito de razonamiento descubriremos lo que los filósofos han concluido también: que una de las características de la perfección es la unidad simple. No tiene división, ni tampoco el ser perfecto está compuesto de partes. Una de las características de la simplicidad es la belleza como tal, original, genuina. A los mortales imperfectos nos fascinan las cosas elaboradas, complicadas, las que en el mercado se cotizan más caras. Qué lejos nos movemos de la perfección. Otra de las conclusiones de los filósofos es el "principio de identidad". El Señor es el que es y será el único, ni puede haber repeticiones ni tampoco puede ser dividido en partes. El Señor es uno. Esta certeza nos debería bastar para saber a quién adorar y, por tanto, ante quién doblar nuestra rodilla. También eso nos permitirá descubrir qué o quién inspira nuestros sueños y proyectos; quién es el punto de referencia para diseñar, consciente o inconscientemente, nuestra familia, nuestro trabajo, nuestra vida profesional; a quién ponemos al centro de nuestra jornada y a quién le dejamos las sobras de la misma. ¿Será que, de pronto, creí que Dios era de plastilina y que lo podía moldear a mi antojo?

Pregúntate: En los tiempos de bonanza, ¿delante de quién doblo mi rodilla?, ¿a quién le entrego lo que me sobra?

Oración: Padre bueno, tú me conoces por dentro y por fuera, no hay nada de mí que quede oculto a tus ojos. Permíteme abandonarme a tus brazos como lo haría un niño. Que tu aliento omnipotente toque mi barro y lo rehaga como en la mañana de la Creación. Amén.

Propósito: Con humildad y confianza, cada mañana me abandonaré a las manos del Padre, pidiendo la gracia de hacer solo su voluntad, porque ya me cansé de ser víctima de mis caprichos.

JUEVES

Isaías 54:1–10
Salmo 30:2, 4, 5–6, 11–12a, 13b
Lucas 7:24–30

"Grita de júbilo, estéril que no das a luz, rompe en gritos de júbilo y alegría, la que no ha tenido los dolores".

Is 54:1

Reflexión: Los conceptos de esterilidad-fertilidad eran de vital importancia para el pueblo de Israel. La palabra creadora de Dios, en el amanecer del universo, revela la naturaleza divina como origen de todo lo que existe, incluyendo la vida misma. La procreación humana parece reproducir esta faceta creadora de Dios. La esterilidad, por tanto, hace alusión a la muerte, apunta al final de la vida. Más aún, la vida no está reducida a la reproducción biológica, sino que incluye también el alma –en latín ánima–, refiriéndose al principio de vida en los seres humanos. De esta palabra se deriva "animación", que es un concepto similar a entusiasmar, revitalizar, hacer volver a la vida. Esto nos lleva a pensar, no solo en aquello que nos permite seguir viviendo, sino también en lo que nos permite elevar nuestra calidad de vida. Este principio creador tiene su fundamento en el amor, en Dios (1 Jn 4:16). No hace falta pensar mucho para darnos cuenta de que en todo lo que hagamos para tener una actitud positiva o simplemente dar una palabra de aliento será una consecuencia de este movimiento creador interno que experimentamos al amar y ser amados. Caer en el juego de una cultura para la que solo es importante ser productivos, eficaces y acumular bienes es como prepararse para morir, sin haber vivido. ¿Nuestra recompensa? Un lujoso sepulcro.

Pregúntate: Al hacer mi trabajo diario, ¿seré capaz de acompañarlo con una sonrisa como si fuera la firma de Dios?

Oración: Señor de la vida, que la caridad sea la única fuente que inspire lo que digo, lo que hago, lo que callo y lo que espero.

Propósito: Acogeré la tarea creadora de Dios en mí, usando la amabilidad con cualquier persona, especialmente expresando clara y caritativamente mis desacuerdos.

VIERNES

Isaías 56:1–3a, 6–8
Salmo 67:2–3, 5, 7–8
Juan 5:33–36

"Pero yo tengo un testimonio mayor que el de Juan..."

JN 5:36

Reflexión: La luz que cualquier cristiano pueda irradiar a su alrededor, es simplemente el reflejo de la Luz que viene de lo alto. Nuestro testimonio toma su fuerza del amor de Dios revelado en su único Hijo, Jesucristo, que no solo nos dice claramente cuánto nos ama, sino que nos deja llenos de estupor al revelarnos hasta donde es capaz de llegar por nosotros: la cruz. Mi testimonio lo transmito con la fuerza del que me amó primero: Jesús, quien murió solo, masacrado y humillado como un perdedor. Sorprendentemente, si hubiéramos querido defender a Cristo en el Calvario, solamente habríamos estorbado al plan de Dios, quien muestra a su Hijo poderoso en la debilidad. En ese momento, nuestro deseo de defender a Cristo, no solo habría estado fuera de lugar, sino que Dios ni siquiera lo necesitaba. Hoy día ¿necesitará Dios que lo defendamos? ¿No será que nuevamente llegaremos tarde a la cita? Me pregunto si lo que Dios realmente necesita no será más bien que, en vez de defenderlo, tiremos nuestra espada como Pedro. No creo que a Dios le haga falta nuestro testimonio, pues su testimonio es más que suficiente. Más bien, yo creo que nos ayudará desarrollar una pasión como la del Maestro para hacer todas nuestras obras con la luz de la caridad. Me parece que esa es la luz que en verdad viene de lo alto e ilumina el sendero que Él nos ha trazado.

Pregúntate: ¿Me atrevería a dejar que Dios muestre su poder a través de mi debilidad?

Oración: Maestro bueno, ayúdame a dejar de defender posiciones y doctrinas para empezar a ejercer el poder de la amabilidad.

Propósito: Mi mejor argumento para hacer visible a Jesús a lo largo del día será mi pasión por la amabilidad. Me preocuparé por ser amable con toda la gente que encuentre a lo largo del día y no me preocuparé solo por rezar el Rosario o por traer una cruz al cuello.

Cuarta semana de Adviento

DOMINGO

CICLO A

Isaías 7:10–14
Salmo 24:1–2, 3–4, 5–6
Romanos 1:1–7
Mateo 1:18–24

"Despertándose José del sueño, hizo como el ángel del Señor le había mandado..."

MT 1:24

Reflexión: Me parece que comparto, con más de alguno de mis lectores, la dificultad por la obediencia. Por ello me resulta sorprendente que las personas que menos tendrían necesidad de obedecer, lo hayan hecho y lo hayan hecho radicalmente, sin componendas. Lo hizo María, en silencio, sin ni siquiera dar sugerencias o proponer arreglos. Dios habla y ella responde con su entrega. Ofrece la mejor respuesta: todo su ser. José podría haber recurrido a la ley judía para protegerse y evitar el riesgo de la burla al estar prometido con una mujer que misteriosamente resultaba estar embarazada. Tampoco replica ni pide explicaciones. Sencillamente despierta y discretamente obedece. Jesús, sin necesidad personal alguna, deja sus prerrogativas divinas a un lado y se hace obediente, aun antes de nacer, hasta llegar a Belén, incluyendo rechazos, incomodidades y el mismo exilio a Egipto. No creo que necesitemos más argumentos para descubrir que nuestra mejor opción, desde cualquier punto de vista, será no solo obedecer, sino abandonarnos a las manos de Dios, confiando en su amor. La obediencia inspirada por el amor es la única señal con la que contamos para poder llegar a los brazos del Padre. La fiesta está lista y la mesa puesta. El Padre pacientemente nos espera.

Pregúntate: ¿Me daría el permiso de dejar que el amor sea lo que motive mi obediencia hacia las personas que tengan autoridad sobre mí?

Oración: Señor del Adviento, gracias por volver a sorprenderme con la luz de tu obediencia para iluminar todos mis intrincados discursos racionales, que parecen solo esconder mi egoísmo. El que tiene que cambiar soy yo, no tú. Amén.

Propósito: El día de hoy estaré atento para descubrir qué es lo que Dios necesita de mí durante las próximas 24 horas. Lo haré sin chistar, con toda sencillez.

DOMINGO

CICLO B

---

2 Samuel 7:1–5, 8b–12; 14a, 16
Salmo 89:2–3, 4–5, 27, 29
Romanos 16:25–27
Lucas 1:26–38

"Ve y di a mi siervo David: Esto dice Yahvé. ¿Me vas a edificar tú una casa para que yo habite?"

2 Sm 7:5

Reflexión: Parece ser que, a pesar de los años, a pesar de la insistencia de Dios en la revelación a su pueblo, aún no hemos entendido que a Dios no lo podemos confinar a un lugar. Con toda nuestra buena intención, Dios escapa a nuestros planes de limitar su presencia a un rincón hermoso, bien decorado y que inspira respeto. No se resigna a "estar encerrado", aunque para alguno sería "conveniente", para evitar que Dios arruine sus planes. La presencia de Dios es inasible, está totalmente fuera del control de nuestras manos y de nuestras elucubraciones mentales. Dios es simplemente omnipresente. Es Dios quien construye la casa del rey y quien constituye a su pueblo, preparándolo para el momento culminante de la revelación de su amor en su único Hijo. Jesús es la presencia de Dios entre nosotros, quien se encarna y nace pobre, pero libre, en un pesebre, sin protocolos ni restricciones sociales. Dios camina entre nosotros. Pareciera que espera nuestra invitación para subirse al auto con nosotros e iniciar juntos la jornada. Es Él quien está a un lado y a quien podemos consultar nuestras decisiones. Es con quien nos sentamos a la misma mesa y podemos dar gracias con un trozo de pan y una copa de vino. Es un Dios que no solo está presente, sino que interviene en nuestras vidas y nos ayuda a seguir adelante.

Pregúntate: En mis últimas 24 horas, ¿hubo algún momento en que Dios me sorprendiera, haciéndose presente fuera del templo, por ejemplo, en la calle o en el trabajo?

Oración: Señor, quien como el mejor de los amigos, estás ahí, discreto, paciente, sonriente, dispuesto a ser invitado a mi vida cotidiana, por favor, no desesperes. Gracias por hacerme esa seña que me ayuda a descubrir que sigues ahí, a mi lado, amándome. Amén.

Propósito: Hoy invitaré a Jesús para que se siente a mi lado de camino al trabajo, a la escuela o al iniciar mis actividades diarias. Compartiré con Él mi jornada.

DOMINGO

CICLO C

Miqueas 5:1–4a
Salmo 80:2–3, 15–16, 18–19
Hebreos 10:5–10
Lucas 1:39–45

"En cuanto a ti, Belén Efratá, la menor entre los clanes de Judá, de ti sacaré al que ha de ser el gobernador de Israel".

MIQ 5:1

Reflexión: Queda confirmado que solo la pequeñez puede contener la grandeza divina. Solo la persona sabia descubre que la humildad es la única forma de descubrir la verdadera estatura de las cosas. Cuando partimos de las realidades externas, la historia de la humanidad nos enseña que es ahí, afuera, donde realizamos toda la escena de nuestras vidas. Iniciamos desde afuera y terminamos afuera. Nuestro interior sobrevive con la basura que la sociedad vende y compra. Por eso, no es extraño que algunos le hagamos tanto caso al miedo y con ello a la superstición, a los horóscopos, etc. Dios, a través de su Hijo Jesús, nos revela su amor, al cual solo lo podemos descubrir mirando a nuestro interior, no en las pantallas de televisión o en los avisos espectaculares.

La mejor morada de Dios ha sido y seguirá siendo nuestro corazón y mientras menos permitamos que las distracciones "de afuera" nos seduzcan, más podremos tocar el misterio divino presente en nuestro interior. Él es quien al realizar sus planes cambia radicalmente el rumbo de la historia. Pone sus planes en las manos sencillas de aquellos que, en su pequeñez, se han dejado maravillar por la grandeza del Señor. Un ejemplo de ello es María, quien no duda en cantar la misericordia divina. Otro ejemplo de esta "pequeñez grandiosa" es san Juan Diego o muchas otras personas que nos rodean y que quizás, debido a su discreción, no nos hemos dado cuenta de que están ahí.

Pregúntate: Cuando las lágrimas recorran mis mejillas, ¿podré recordar mi grandeza por ser hijo de Dios o, más bien, tocaré solamente la impotencia de mis manos?

Oración: Señor, eres tú a quien al parecer le fascina asomarse a nuestros escenarios y reflectores para ver si en todo momento recordamos quiénes somos realmente. Ilumina mi interior para caer de rodillas y volver a maravillarme de tu grandeza y de mi pequeñez. Amén.

Propósito: Con plena conciencia de lo que soy, disfrutaré la realización de mis tareas de hoy, con una actitud sencilla y libre de máscaras.

del
17 de diciembre al

24 de diciembre

17 de diciembre

Génesis 49:2, 8–10
Salmo 72:1–2, 3–4ab, 7–8, 17
Mateo 1:1–17

"Libro del origen de Jesucristo, hijo de David, hijo de Abraham".

MT 1:1

Reflexión: Nosotros no creemos en una ideología, ni siquiera en una religión: creemos en una persona. Nuestra fe está puesta en un Dios que tuvo la delicadeza de mostrar su rostro como uno de nosotros, perfectamente presente en nuestra historia. Es difícil que un Dios, que se vuelve una idea cerebral y académicamente elaborada, nos interpele y convenza. Esa es la materia prima para una ideologización y manipulación de conceptos personales, envueltos en ropajes religiosos, para reforzar posiciones e intereses de quienes saben "vender el producto". Es precisamente este Dios en el que creemos, un Dios que no nos llega envuelto en ningún ropaje: nace y muere desnudo, vulnerable, en ambos casos, en el pesebre y en la cruz. Lo encontramos al margen de los intereses políticos y religiosos. Nace y muere fuera de la ciudad. Creemos en un Dios cubierto con nuestra piel, que conoció el frío, el cansancio, el gozo y el sufrimiento hasta entregarlo todo. Cuando tú y yo nos presentamos ante Él, Él sabe perfectamente si es la depresión, la angustia, el agradecimiento, la confusión lo que tenemos en nuestro interior. Qué fascinación y qué profunda alegría poder invitar a Dios a nuestra vida cotidiana, a nuestra cama del hospital, a manejar en nuestro auto, a pedir un nuevo empleo, a cocinar el platillo favorito de los hijos. Creemos en un Dios a quien podemos tocar, a quien podemos traer en los labios y el corazón, a una prudente distancia del cerebro.

Pregúntate: ¿En qué Dios creo, en el que puedo identificar con mi cerebro o en aquel que me sigue retando y sorprendiendo con sus mensajes de amor?

Oración: Señor del tiempo y de la historia, gracias por ser un Dios tan admirablemente poderoso y cercano. Señor, que me distraiga menos en pretender entenderte y te experimente con mayor profundidad a lo largo de mi jornada.

Propósito: Al iniciar el día, invitaré al Señor a acompañarme a cada una de las actividades del día. En algún momento también le pediré su consejo.

18 de diciembre

Jeremías 23:5–8
Salmo 72:1–2, 12–13, 18–19
Mateo 1:18–25

"He aquí que una doncella está encinta y va a dar a luz un hijo y le pondrá por nombre Emmanuel".

Is 7:14

Reflexión: Solamente quien está dispuesto a conservar la sencillez evangélica, a pesar del ambiente hostil, podrá disfrutar este pasaje evangélico. Aquí el Señor nos sorprende revelando su voluntad: una mujer jovencita y pobre que experimenta el don de la fecundidad sin dejar de ser virgen. La jovencita está desposada con un hombre sabio y sencillo, que sabe mantenerse a distancia de su cultura judía patriarcal y que es tolerante con las mujeres. Igual nos sucede a ti y a mí: Dios sigue sorprendiéndonos cada día, enviando toda suerte de mensajeros, hasta que un día nos demos cuenta de que una de las mejores formas de entender a Dios es la "inteligencia de la admiración". Este tipo de inteligencia no tiene nada que ver con los test de coeficiente intelectual de los psicólogos. Y, por si fuera poco, desde su misteriosa morada nos entrega a su Hijo y lo deja "entre nosotros", para que lo podamos tocar, conversar con él, caminar a su lado y, finalmente, llevarlo a los labios y al corazón. ¿Hay algo más sorprendente que esto?

Pregúntate: A pesar de mis distracciones y mis prisas, ¿puedo identificar cómo Dios me ha enviado a algún mensajero en un determinado momento de mi vida?

Oración: Padre, que mi capacidad para sorprenderme jamás disminuya, de forma que pueda descubrir gozosamente la infinidad de regalos con los que me consientes todos los días. Amén.

Propósito: Intentaré descubrir, no con la cabeza, sino con el corazón, a un mensajero especial, que seguramente Dios quiere enviarme para comunicarme su voluntad.

19 de diciembre

Jueces 13:2–7, 24–25a
Salmo 71:3–4a, 5–6ab, 16–17
Lucas 1:5–25

"El ángel de Yahvé se apareció a esta mujer y le dijo: 'concebirás y darás a luz un hijo...'"

JUE 13:3

Reflexión: Consciente o inconscientemente, nuestra vida la entregamos a algo o a alguien. No podemos vivir en el aire. Habrá quien entregue su vida a la indiferencia, al dinero, a las drogas, a la profesión, a su amo, etc. La vida es solo una y tú y yo estamos en condiciones de revisar y tomar la decisión vital de consagrarla a quien decidamos. Cuando le hacemos caso a Dios, quien nos llama de muchas maneras, deberemos estar dispuestos a ser testigos del milagro de ver cómo Dios produce la vida en un terreno estéril, porque cada día le consagramos cada una de nuestras células, de nuestros movimientos, de nuestras palabras y silencios. Le comunicamos las decisiones que vamos a tomar, las diferencias que queremos sanar, las correcciones que tenemos que hacer. Consagrarse es abandonarse en las manos de quien sabemos que nos "cacha", nos abraza y con su cariño nos rehace y renueva.

Pregúntate: ¿Noto alguna diferencia cuando tomo mis decisiones a solas y cuando consulto a Dios y me abandono a sus manos paternas?

Oración: Padre, gracias infinitas por aceptar que pueda introducirme en tu misterio. Me abandono en tus brazos como lo haría un pequeño en los brazos de su padre. Concédeme la gracia de no estorbarte para que tu voluntad se haga en mí, como en María. Amén.

Propósito: Cada mañana me abandonaré a las manos del Padre, consagrándole cada partícula de mi ser y cada acto de mi día.

20 de diciembre

Isaías 7:10–14
Salmo 24:1–2, 3–4ab, 5–6
Lucas 1:26–38

"He aquí la esclava del Señor; hágase en mi según tu palabra".

Lc 1:38

Reflexión: Para entenderse con Dios hay que aprender su lenguaje y una de las estrategias de este lenguaje divino es el silencio. Por tanto, solo cuando descubrimos el poder infinito de la escucha, podremos valorar el silencio. Me atrevo a decir que uno de los frutos más importantes de la escucha es la sanación. Habrá personas que hablen mucho y digan poco. Habrá otros que quizás no ofrezcan grandes discursos, pero sí presencia atenta y cálida, que es lo que más necesita esta humanidad enferma de ruido. En su momento, es la mejor expresión de cariño a la persona amada, cuando cambio mis sermones por mi presencia total hecha escucha. Dios no podría haber depositado su mensaje en alguien mejor que en una persona sencilla, atenta, como si estuviera hecha de silencio; una persona que sabe descubrir la voluntad de Dios en los acontecimientos. Es como si los oídos estuvieran conectados al corazón para dar lugar a otro tipo de entendimiento, no cerebral, sino cordial, que lleva a abrazar la voluntad de Dios. A nosotros los occidentales, no entender con el cerebro nos provoca angustia y miedo. Quien, como María, desarrolla "la comprensión del corazón", es capaz de llegar más allá de lo que podría la inteligencia.

Pregúntate: ¿He descubierto cómo la voz del Señor puede distinguirse en el silencio atento, en un silencio apto para la escucha?

Oración: Padre, concédeme la gracia de leer tu voluntad en cada estrella, en cada rostro, en cada movimiento de mi entorno, así… en silencio.

Propósito: Durante esta semana haré ejercicios conscientes de escucha frente a las personas con quienes comparto la mayor parte de mi jornada.

21 de diciembre

Cantar de los cantares 2:8–14
Salmo 33:2–3, 11–12, 20–21
Lucas 1:39–45

"Habla mi amado y me dice: 'Levántate, amor mío, hermosa mía, y vente. Mira, ha pasado el invierno, las lluvias cesaron, se han ido. La tierra se cubre de flores..."

CANT 2:10-12

Reflexión: Con el tiempo, el pueblo de Israel fue madurando en su relación con Dios hasta llegar a este momento reflejado en el libro del Cantar de los cantares. Nuestra relación con Dios ya no puede ser en términos comerciales o mágicos. La experiencia que más nos puede acercar a lo que es el encuentro con Dios, es el encanto de la poesía, algo parecido a la relación entre dos enamorados, donde las expectativas no conocen limites porque están basadas en la gratuidad, en la bondad, en la entrega; donde ni el miedo ni los intereses mezquinos tienen lugar. Es algo así como desconectarse del pasado y escribir una nueva historia a cada instante, tejiéndola sin calculadoras, sin básculas, sin cintas métricas. Es el gozo liberador de la generosidad, del suplir los disfraces y las caretas por el aroma fresco de la verdad. Las relaciones humanas tendrán que transformarse para dejar que el Maestro imprima su sello divino y nos recree como seres humanos. Así nuestra vida se convertirá en un tejido de sueños valientes, capaz de entusiasmar a quien está desalentado.

Pregúntate: ¿Percibo la frescura de la libertad en mis relaciones humanas libres de segundas intenciones, de intereses distintos de la fraternidad y el cariño?

Oración: Señor mío, que pueda desnudarme de mis esquemas mentales que han hecho tan artificial mi relación contigo. Que tu ternura se digne acariciar mi barro para recuperar la frescura del corazón.

Propósito: Como fruto de mi relación con Dios, procuraré tener relaciones basadas en la generosidad, primero con mis familiares y, después, en la escuela o en el trabajo.

22 de diciembre

1 Samuel 1:24–28
Sal 2:1, 4–5, 6–7, 8
Lucas 1:46–56

"Este niño pedía yo y Yahvé me ha concedido la petición que hice. Ahora se lo ofrezco a Yahvé por todos los días de su vida; está ofrecido a Yahvé"

1 SAM 1:25

Reflexión: Con el mismo afán de posesionarme de cosas o personas, es fácil que me deje seducir y ser poseído por alguien más: una institución, una empresa, una ideología, una pandilla, un o una amante, etc. Si los padres en casa no han inculcado puntos de referencia claros, el navegar por la vida será peligroso para los hijos, porque los hijos se "gobernarán" por los impulsos del momento. Es verdad que nadie tiene un control absoluto sobre su vida, por eso los puntos de referencia son esenciales para descubrir el propósito y el gozo de estar vivos. Qué mayor gozo y qué mejor propósito que pertenecer a Dios –consagrarse– y vivir de acuerdo con sus estándares totalmente contraculturales y revolucionarios. Jesús es el modelo, radicalmente entregado a la voluntad del Padre, amigo de marginados y pecadores, capaz de resucitar a los muertos, sanador de todo tipo de enfermedades. Él es uno como nosotros y, al mismo tiempo, es distinto, con una originalidad que nos entusiasma. Recuerdo el día en que mi madre me fue a dejar a la puerta del Seminario, cuando tenía escasos 11 años. Era yo quien había decidido y ella simplemente me tomaba de la mano. Me dejó en la puerta como diciendo: "Por eso se lo cedo al Señor de por vida, para que sea suyo". Poseer, en términos divinos, es algo así como soltar, abandonarse en mejores manos. Lo único que poseo es la capacidad de dar.

Pregúntate: En momentos difíciles, ¿me he atrevido a abandonar mis preocupaciones y mi persona en las manos de Dios?

Oración: Señor, cada respiro es un recuerdo del primer momento en que me permitiste existir. Cansado de acumular y proteger, hoy, como san Juan Diego, suelto mi manto. Que mis angustias de hoy se conviertan en flores. Amén.

Propósito: El día de hoy me consagro totalmente a Dios, invitándolo a cada una de mis actividades cotidianas. Sé que tal vez Él me va a sugerir algo mejor en el momento menos pensado.

23 de diciembre

Malaquías 3:1–4, 23–24
Salmo 25:4–5ab, 8–9, 10, 14
Lucas 1:57–66

"Porque la mano del Señor estaba con él..."

Lc 1:66

Reflexión: El Señor hace sentir su cariño respetando mi libertad; pero cuando permito que su mano toque mi historia, la convierte en una historia que salva. En los países más desarrollados sigue difundiéndose la idea de que deben prevalecer los intereses individuales sobre los comunitarios. Esto también lleva a que cada uno haga su vida como mejor le parezca, dejando a Dios fuera, ajeno a las propias decisiones y proyectos vitales. No es necesario enumerar las consecuencias que esta mentalidad individualista acarrea. Basta con encender la televisión y seguir los noticieros. Nosotros mismos, en nombre de la modernidad, nos estamos destruyendo lentamente hasta que no permitamos que la mano del Emmanuel vuelva a imprimir su toque en nuestra historia individual y social. La mano del Señor estaba sobre Juan Bautista y la acción de Dios le cambia su vida, empezando por el nombre: no Zacarías, sino Juan. Cuando tomamos conciencia de que, desde siempre, la mano del Señor ha estado sobre nosotros, sobre las personas de cerca y de lejos, no habrá mejor opción que dejarnos tomar de la mano por Él. Tomar la mano de Dios Padre para que rehaga nuestra historia.

Pregúntate: ¿De verdad estoy dispuesto a tomar la mano de Dios y dejar que me guíe?

Oración: Señor, qué alivio saber qué cerca ha estado tu mano de mi persona, de mi tragedia, de mi gozo. Despiértame, líbrame de la confusión e ilumíname para descubrir si he estado apoyándome en la mano equivocada. Amén

Propósito: En silencio, al iniciar el día, le pediré a Dios que tome mi mano y a lo largo del día le preguntaré varias veces si está de acuerdo con lo que estoy haciendo.

24 de diciembre

2 Samuel 7:1–5, 8b–12, 14a, 16
Salmo 89:2–3, 4–5, 27, 29
Lucas 1:67–79

"Bendito sea el Señor Dios de Israel, porque ha visitado y redimido a su pueblo, y nos ha suscitado una fuerza salvadora…"

Lc 1:68-69

Reflexión: Es asombroso cómo Dios se hace presente y lo hace perfectamente con el amor, que es la única fuerza que libera, que salva, que promueve. Y cuando despertamos de nuestro letargo, producto de la seducción social que vende estímulos artificiales, no podemos menos que caer de rodillas y entonar un canto de agradecimiento al saber que esta fuerza de salvación, que viene de lo alto, es capaz de penetrar en lo más profundo de nuestro ser, exorcizando nuestros miedos, alimentando nuestro entusiasmo, recreándonos y dejándonos como guerreros empuñando las armas de la serenidad, la alegría y la amabilidad. Nos hace plenamente conscientes de que estamos existencialmente conectados a una "fuerza que viene de lo alto". Por tanto, ya no sobrevivimos ni navegamos a la deriva, ni la soledad nos arrebata el gozo de estar vivos. Ya no estamos a merced de nuestros enemigos. Este Dios-amor-presencia ha estado con nosotros a lo largo de nuestro camino, acompañando a su Pueblo por siglos. Y está siempre dispuesto, con las sandalias puestas y el báculo en la mano, a acompañarnos y disfrutar junto con nosotros.

Pregúntate: ¿Soy consciente de que, cuando dejo penetrar el amor de Dios en mi vida, es justo este amor la fuerza que permite que mis miedos se desvanezcan?

Oración: Señor, qué alivio experimento al constatar cómo tu poder fortalece mi debilidad. Permíteme abrirte la puerta de mi vida, para que esta fuerza que salva penetre en mi interior y se refleje en mi casa, con mis amigos y en mi trabajo. Amén.

Propósito: Procuraré dar testimonio de la *presencia de Dios en mí* a través de mi sonrisa, de mi amabilidad, de mi actitud. Esto lo ejercitaré con las diversas personas con que me encuentre en este día.

25 de diciembre

Isaías 9:1–6
Salmo 96:1–2, 2–3, 11–12, 13
Tito 2:11–14
Lucas 2:1–14

"Todo se hizo por ella..."

JN 1:3

Reflexión: Necesitamos comprender mejor que es la palabra para intuir, al menos lejanamente, la belleza de este misterio. Mientras sigamos creyendo que la palabra es una colección de sonidos que podemos usar a nuestro antojo, que podemos usar incluso para forrar de explicaciones nuestra falta de compromiso o simplemente proteger nuestras posturas personales de pensamiento y demostrar que la razón está de nuestra parte, estaremos condenados a vivir muy lejos del gozo de estar envueltos en este misterio de un Dios que es la Palabra misma. Estamos respirando y viviendo gracias a esa Palabra-Amor que se pronunció y dio origen a nuestra existencia. Somos parte de este infinito y maravilloso universo producto del poder creador de la Palabra. Y, por si fuera poco, en la plenitud de los tiempos, esta Palabra se revistió de nuestra carne para respirar y caminar como nosotros. Desde el punto de vista del poder, Belén también hace pedazos nuestras categorías de debilidad y poder. Esta Palabra hecha carne, desvela su poder en la desnudez de un pequeño y vulnerable bebé. Sí, para nuestras corduras, esto es una verdadera locura y qué consuelo que Dios, el Emmanuel, la Palabra entre nosotros, nos rete a ver mucho más allá de lo que nuestra visión mezquina nos deja ver.

Pregúntate: ¿Realmente me he dado cuenta del increíble poder que tienen las palabras que salen de mi boca, que lo mismo pueden enfermar que curar?

Oración: Señor, que tu locura sea mi salud mental para ver el mundo como Tú lo ves. Que descubra tu poder escondido en mi debilidad. Amén.

Propósito: Trataré de descubrir el poder de Dios, escondido en las personas que me parecen más débiles.

26 de diciembre

SAN ESTEBAN PROTOMÁRTIR

Hechos de los Apóstoles 6:8–10; 7:54–59
Salmo 31:3cd–4, 6, 8ab, 16bc, 17
Mateo 10:17–22

"Señor Jesús, recibe mi espíritu..."

HCH 7:59

Reflexión: Pertenecemos a una Iglesia fortalecida con la sangre de hombres y mujeres que tenían claro a quién estaban siguiendo y detrás de las huellas de quién estaban caminando. San Esteban es el primero de una lista incontable de mártires que conoció la Iglesia en sus albores. Mártires que supieron poner en contacto su mente con su corazón. Podemos preguntarnos qué mueve a estos valientes testigos a entregarlo todo. Esteban parece revelárnoslo con un grito que sale de lo más profundo de su corazón: "Señor Jesús, recibe mi espíritu". Qué deliciosa certeza poder vislumbrar lo que no se ve y, al mismo tiempo, saber con absoluta certeza que está ahí. Lo que Esteban físicamente vio fue una turba enardecida con piedras en las manos, como tú y yo podemos ver una serie de problemas y desavenencias que se nos vienen encima. La diferencia está en que a nosotros nos cuesta trabajo descubrir la mano extendida de Jesús detrás del escenario… y confiar. Creer en algo digno nos vuelve fuertes, creer en Jesús, nos vuelve invencibles.

Pregúntate: Al igual que los grandes cristianos de la historia, ¿seré capaz de poner pasión a lo que hago cada día?

Oración: Señor, que mi debilidad sea tocada por tu ternura; que a través de mi debilidad Tú puedas seguir mostrando tu presencia y tu poder. Amén.

Propósito: Por la mañana, pondré toda mi confianza en el Señor y a lo largo del día haré un sencillo ejercicio: respiraré profundamente y repetiré: "Jesús, en ti confío".

27 de diciembre

SAN JUAN, APÓSTOL Y EVANGELISTA

---

1 Juan 1:1–4
Salmo 97:1–2, 5–6, 11–12
Juan 20:1a, 2–8

"Lo que existía desde el principio, lo que hemos oído, lo que hemos visto con nuestros ojos, lo que contemplamos y palparon nuestras manos acerca de la Palabra de vida..."

1 JN 1:1

Reflexión: La cercanía física, emocional y espiritual a Cristo con que vivió el apóstol Juan, no solo le concedió una autoridad moral y espiritual para ofrecer un testimonio convincente del Señor; también es una invitación a la generosidad y a la fe para nosotros, tan necesitados de sentido y salvación. Es una invitación para acoger en nuestro corazón el testimonio de los Apóstoles. Nosotros, gracias a su testimonio, también podemos oír y contemplar, palpar con nuestras manos la Palabra que da vida. Nos dejamos seducir por la cálida invitación de san Juan, para ingresar en el territorio de Dios y eso hará que nuestra vista, nuestros oídos y nuestro sentido del tacto no puedan ver, oír ni sentir el mundo de la misma forma. La Palabra de Vida nos ha hecho renacer y hacer las tareas de la vida diaria de otra manera.

Pregúntate: ¿Me atrevería a ver las cosas de siempre de otra manera, con ojos de bondad?

Oración: Señor, gracias por entregarte de tal manera a nosotros, que con los apóstoles y todos los santos de la historia vamos a revolucionar este mundo. Tu Palabra, Señor, nos permite desterrar el odio y el egoísmo, y firmar cada evento de la historia con un amor valiente y cálido. Gracias, Señor.

Propósito: Firmaré mis tareas del día de hoy con un toque de bondad, el toque de Dios que es capaz de hacer nuevo lo cotidiano.

28 de diciembre

SANTOS INOCENTES, MÁRTIRES

---

1 Juan 1:5—2:2
Salmo 124:2–3, 4–5, 7cd–8
Mateo 2:13–18

"Si decimos que estamos en comunión con él, y caminamos en tinieblas, mentimos y no obramos la verdad..."

1 Jn 1:5

Reflexión: "Los mártires inocentes proclaman tu gloria en este día, Señor, no de palabra, sino con su muerte...". Así reza la oración colecta del día de hoy. Hace unos días me caí de la bicicleta con la que me transporto dentro de los edificios de mi parroquia y me di un buen golpe en la parte izquierda de la cara. Esto dio a mi rostro un aspecto menos agradable. Así, con los ornamentos puestos para la Misa de Navidad, tuve que comunicarle a mi comunidad que era mi tiempo de predicar con la boca cerrada. Y no es broma. Unirnos a Dios es dejar que Dios se asome a través de nuestro rostro, sano o sangrante, y dejarlo que sea Él quien hable. Lo contrario es más sencillo. La boca puede poner máscaras invisibles que nos traicionan y no permiten que Jesús aparezca.

Los pequeños mártires inocentes, asesinados sin culpa alguna, mostraron la gloria de Dios sin pronunciar una sola palabra. De vez en cuando será muy saludable permitirle a nuestro dolor, aunque desfigure nuestro rostro, entregar el mensaje, sin que este sea traicionado por nuestra boca. Así también daremos gloria a Dios y haremos bien a nuestros semejantes.

Pregúntate: ¿Sería capaz de entregar mi mejor mensaje, más que con las palabras de mi boca, con la actitud de mi corazón?

Oración: Señor, que pueda dibujar con mi silencio y con mis manos, ahora consagrados a Ti, tu rostro comprensivo y sonriente de Padre. Concédeme la gracia de que sea mi vida discreta la que hable de tu gloria y que mis elaborados discursos vayan desapareciendo. Amén.

Propósito: El día de hoy dejaré que mi fe hable a través de mis actividades, manteniendo mi boca cerrada. También un gesto en mi rostro puede entregar la Buena Noticia.

29 de diciembre

5° DÍA DE LA OCTAVA DE NAVIDAD

---

1 Juan 2:3–11
Salmo 96:1–2a, 2b–3, 5b–6
Lucas 2:22–35

"En esto sabemos que conocemos a Jesús: en que guardamos sus mandamientos".

1 JN 2:3

Reflexión: Los filósofos nos han ayudado a entender que hay muchas formas de conocer la realidad (teorías del conocimiento). Jesús nos propone una "teoría del conocimiento". No es una más, es la perfecta. No hay mejor forma de conocerse a sí mismo y a otra persona, que viviendo el mandamiento de Jesús: el amor. Dios conoce amando y solo se le puede conocer, no con el cerebro, sino con el corazón, esto es, amando. Por tanto, la única forma de saber hasta dónde una persona conoce a Dios, es por la calidad de su amor. El conocimiento de Dios no depende de la cantidad de libros sobre Teología que he leído, ni de la cantidad de estudios religiosos que he hecho. Toda esta profundización teológica es muy importante, pero es solo una herramienta, muy útil si se quiere, pero solamente eso. Nuestros pies ingresan al misterio de Dios cuando la caridad inspira todas nuestras acciones. El conocimiento de Dios se da cuando la misericordia y la compasión circulan por nuestra alma como la savia de un árbol. Conocemos en profundidad a la persona que está a nuestro lado, cuando la amamos. Así, acercaremos a Dios, no a las personas que se lo "merecen", sino a las que lo necesitan. Entonces descubriremos a Dios escondido en personas en donde nunca hubiéramos esperado encontrarlo.

Pregúntate: ¿Seré capaz de entender a otra persona antes de juzgarla?

Oración: Señor, fortaléceme para que pueda amar a mi prójimo antes de juzgarlo. Amén.

Propósito: Me esforzaré sinceramente por conocer a las personas amándolas, sin importarme sus acciones.

30 de diciembre

1 Juan 2:12–17
Salmo 96:7–8a, 8b–9, 10
Lucas 2:36–40

"Y el mundo y sus concupiscencias pasan; pero quien cumple la voluntad de Dios permanece para siempre".

1 JN 2:17

Reflexión: La noción de mundo, en la mentalidad de san Juan, es la realidad donde se cultivan las ambiciones humanas. Es un estado de competencia constante, que confunde la valía personal con la capacidad de tener o producir resultados. Es un hambre insaciable por superar los estándares impuestos por agentes externos a nosotros mismos, agentes que nos seducen y alimentan nuestra confusión, la cual nos lleva a conductas inhumanas de auto-presión, de agresividad, de ruptura en nuestras relaciones sociales. Terminamos rotos como personas, como familias, como comunidades, como planeta… y, finalmente, terminamos con las manos y el corazón vacíos. Algo parecido al agua del río, que pasa sin que nada permanezca. Si no despertamos y superamos esta confusión impuesta desde afuera, seguiremos teniendo nuestra salud física, mental y espiritual vendida al mejor postor. La única forma de despertar es rompiendo la carrera acelerada y sin sentido de nuestra rutina diaria, respirar profundamente para recuperar el señorío sobre nosotros mismos y volver nuestra atención a esa realidad infinita que hay en nuestro interior. Es en nuestro interior donde Dios, desde hace tiempo, quiere habitar con discreción y silenciosamente.

Pregúntate: ¿Podré descubrir el valor de los demás, no por lo que hacen, sino por lo que son?

Oración: Señor, de pronto me parece que no he sido testigo de mi propio vivir, simplemente he intentado cubrir mi lista diaria de pendientes, como si manejara mi auto con un piloto automático. Concédeme el gozo de encontrarte en la sencillez del silencio y sorprenderme de cómo el ritmo de mi propia respiración me recuerda aquel momento en el que me permitiste empezar a vivir. Amén.

Propósito: Me levantaré 20 minutos más temprano y después de mi aseo personal, elegiré un rincón de mi casa donde pueda sentarme, respirar profundamente y ponerme en silencio, al ritmo de los latidos de mi corazón, en presencia de Dios, con quien entablaré un diálogo en medio de mi silencio.

31 de diciembre

1 Juan 2:18–21
Salmo 96:1–2, 11–12, 13
Juan 1:1–18

"Lo que se hizo en ella era la vida y la vida era la luz de los hombres".

JN 1:3

Reflexión: Los conceptos de Palabra divina, vida y luz parecen estar profundamente enlazados entre sí. Para nosotros creyentes, la Palabra no puede reducirse a un conjunto de sonidos. La Palabra es la presencia creadora de Dios que nos permite ser. Por tanto, nuestra vida diaria tendrá que hacer referencia a la Palabra misma, como un diálogo existencial. La Palabra de Dios nos permite ser y nuestra respuesta al inmenso don de la existencia será llenarnos de gozo y gratitud. Esa alegría e íntima convicción se manifestará en el respeto y la bondad con que trataremos a las demás creaturas. Tendremos que recordar, entonces, que la Palabra de Dios es la que permite a las cosas seguir existiendo. Su amor nos mantiene en la existencia. Del mismo modo, una sonrisa, una palabra cálida, una corrección fraterna, una palmada al hombro que reafirme, una mano extendida que rescate son gestos también de un amor creador, un amor que da lugar a un mejor estado de cosas. El amor es como un rayo de luz que rompe la oscuridad, un rayo de luz que puede nacer de tu corazón y del mío.

Pregúntate: ¿Habrá algún momento en mi vida en el que la Palabra se manifieste a través de mi rostro?

Oración: Señor, teniendo tantos sitios donde puedes albergarte, me sorprende que hayas elegido mi corazón. Ayúdame a mantener despierta en mí la certeza de tu presencia para poder irradiarte por donde quiera que vaya. Amén.

Propósito: Consciente del poder divino que se alberga en mi corazón, dejaré que mi amabilidad se exprese y se imprima en todo lo que diga y haga durante las próximas 24 horas y por el resto de mi vida.

1 de enero

Números 6:22–27
Salmo 67:2–3, 5, 6, 8
Gálatas 4:4–7
Lucas 2:16–21

"Que Yahvé te bendiga y te guarde; que ilumine Yahvé su rostro sobre ti y te sea propicio; que Yahvé te muestre su rostro y te conceda la paz".

NM 6:24-26

Reflexión: Una manera sabia de iniciar un nuevo año es saborear una especie de felicitación por parte del Señor, deseándonos un feliz año nuevo. Para descubrir si el Señor se ha fijado en nosotros, debemos preguntarle a María cómo le hizo ella. Seguramente, desde su elocuente silencio, nos sugerirá que nos arranquemos las caretas y todo aquello que distorsiona la imagen de Dios en nosotros. Eso nos permitirá mostrarnos tal como Dios nos ha creado. La sencillez es esencial para entablar un diálogo amoroso con Dios, así podremos sentir como dirigida a nosotros la bendición tomada del libro de los Números: "Que Yahvé te bendiga…". Lo mismo que María, quien recibió la tarea más sublime de ser la madre del mismo Dios: el Señor le concedió su favor convirtiéndola en mediador de todas las bendiciones, es decir, de la gracia. No nos extrañemos de que, si logramos ir más allá de nuestros propios intereses, podremos experimentar la mirada de Dios que nos bendice y nos transforma en instrumentos de su paz, para tejer juntos un nuevo año y una existencia feliz.

Pregúntate: ¿Me queda claro que solo en la sencillez aparece mi verdadero rostro?

Oración: Señor del tiempo y de la historia, que con tu amor haces nuevas todas las cosas, ayúdame a arrancarme los ropajes y las máscaras que han contaminado tu imagen en mí. Amén

Propósito: Compartiré con quienes viven bajo mi mismo techo esta bendición tomada del libro de los Números, para que sirva como marco de este año que comienza.

2 de enero

1 Juan 2:22–28
Salmo 98:1, 2–3ab, 3cd–4
Juan 1:19–28

"Yo soy la voz del que clama en el desierto: 'Rectifiquen el camino del Señor', como dijo el profeta Isaías"

JN 1:23

Reflexión: Juan fue todo un personaje que hace referencia a dos cosas:

- A lo esencial, a lo que realmente importa. Vive en el desierto donde lo superfluo no tiene cabida.
- Toda su persona es una referencia viviente a Jesús. Hace que los ojos se dirijan al Maestro, al Mesías.

Juan el Bautista no conoce componendas ni verdades a medias. Quizás no tiene mucho sentido del protocolo cuando transmite su mensaje corto y directo. No hay espacio para las distracciones ni para los accesorios de ninguna índole. Esto es radicalmente saludable. Es consciente de quién no es y, por tanto, de quién sí es. Esto hace que no tenga que andar comprando imágenes ajenas o aprovechándose de la confusión social para asegurarse un reconocimiento. Es obvio que no busca ni grandes audiencias ni aplausos. Su preocupación es que la verdad sobre el Mesías salga a la luz, lo mismo en la soledad del desierto que en la corte del rey. La superficialidad, el engaño, la apariencia, la comodidad, el asegurar primero los propios intereses y después los valores, son para él no solo una pérdida de tiempo, sino también perder la dirección, el sentido de la vida y la propia dignidad. Juan defendió la verdad con su propia vida.

Pregúntate: ¿Podré darme el permiso de disfrutar la libertad al reconocer quién soy yo y quien no, sin disfraces ni máscaras?

Oración: Señor, verte nacer y morir desnudo, fuera de las complicaciones superficiales de la ciudad, me ayuda a entender que solamente puedo encontrarte en el silencio y en la sencillez de mi corazón. Concédeme la gracia de no estorbarte y de que mi vida sugiera a los de mi alrededor que solo Tú eres el Señor. Amén.

Propósito: Disfrutaré la sensación de frescura que me provoca decir las cosas con caridad y con claridad.

3 de enero

1 Juan 2:29—3:6
Salmo 98:1, 3cd–4, 5–6
Juan 1:29–34

"Miren qué amor nos ha tenido el Padre para llamarnos hijos de Dios, pues ¡lo somos!"

1 JN 3:1

Reflexión: Una sociedad que postula como valores centrales la productividad y la competencia, jamás tendrá otro parámetro de medición que no sea la rentabilidad. Y quienes no logran superar esta mentalidad limitante, tienen una sensación de insatisfacción crónica y enfermiza. El don de la fe nos permite asomarnos a otra dimensión de nuestra existencia, nos revela nuestra verdadera identidad, consecuencia de la misericordia de Dios que se nos revela como Padre. Ya no nos definimos por lo que hacemos, sino por lo que el amor del Padre nos permite ser: sus hijos. "Ya no somos los sirvientes de la casa, ahora somos los hijos del patrón". Esta identidad la tenemos grabada en nuestros corazones. Hace falta un trabajo de interiorización para desempolvar nuestra esencia más íntima, no solamente para que no perdamos la memoria, sino para darle nuevamente sentido a nuestras relaciones con los demás.

Pregúntate: ¿Qué me conviene más: hacer crecer mis propios negocios o imprimir un poco de fraternidad a mis relaciones con los demás?

Oración: Señor, mis manos acostumbradas a producir y hacer las cosas bien y a tiempo parece que se han vuelto torpes para acariciar y para descubrir que con cierta frecuencia Tú las tomas entre las tuyas para que lo que vuelvan a hacer. Que mis manos sirvan para manifestar tu amor a todos los hombres y mujeres con que me encuentre.

Propósito: Cuando tenga alguna dificultad con otra persona, haré un esfuerzo por reconocer la huella de Dios en ella.

4 de enero

1 Juan 3:7–10
Salmo 98:1, 7–8, 9
Juan 1:35–42

"Fueron, pues, vieron dónde vivía y se quedaron con él aquel día. Eran más o menos las cuatro de la tarde"

JN 1:39

Reflexión: Era necesario para los discípulos de Jesús –y lo es para ti y para mí– ponerse de pie, salir, buscar, dejarse llevar por el deseo de conocer. Parece que es a este tipo de personas con quienes Jesús puede volverse y establecer una relación más profunda. ¿Maestro, dónde vives? Más que curiosidad ociosa, me parece escuchar el eco de un corazón cansado de superficialidad y sediento de sentido. Jesús no invierte tiempo en explicaciones, tampoco describe el lugar, solo los invita a conocerlo, experimentando su compañía: "vengan y vean". No los está invitando a ir a un sitio determinado, más bien les está abriendo la puerta de su espacio personal. ¿Por qué no dejarnos mover por esa misma sed de sentido y dejar que Jesús provoque ese encuentro? Fue tan especial ese momento, que el evangelista nos dice incluso la hora en que sucedió: las cuatro de la tarde. Posiblemente también nosotros, en algún momento de nuestra vida, hemos experimentado nuestro encuentro de "las cuatro de la tarde". Si no ha sucedido, muy probablemente Jesús se encargará de que suceda y nos quedaremos con Él, probablemente para siempre.

Pregúntate: ¿Podré algún día liberarme de las prisas y de la rutina para encontrarme con Jesús, como hicieron estos discípulos?

Oración: Señor, qué soledad y qué vaciedad a pesar de tanto esfuerzo y tanta prisa para, al final, no llegar a ningún lado. Concédeme la gracia de gozar al saberme compartiendo íntimamente la mesa contigo, en tu espacio divino.

Propósito: Cada que vez que vea el reloj para consultar la hora, me preguntaré si estoy listo para cuando este marque las "cuatro de la tarde".

5 de enero

1 Juan 3:11–21
Salmo 100:1b–2, 3, 4, 5
Juan 1:43–51

"Nosotros sabemos que hemos pasado de la muerte a la vida, porque amamos a los hermanos. Quien no ama pertenece a la muerte"

1 Jn 3:14

Reflexión: Está claro que amar no es algo opcional, una virtud extra que sirve para adornarnos. Mucho antes de que entreguemos nuestro último aliento, desde el primer momento fuera del seno materno, el amor marca la diferencia esencial entre saberme vivo o muerto. La calidad de la salud física y mental de cada uno de nosotros, desde el amanecer de nuestra existencia, fue determinada por la cantidad de expresiones de amor con que fuimos rodeados. Las caricias, los besos, las sonrisas, las palabras de afirmación jugaron y seguirán jugando un papel esencial en nuestra relación con nosotros mismos y con quienes nos rodean. La Iglesia confirma en su reflexión a través de los siglos que la fe cruda no tiene sentido porque se vuelve calculadora y quizás mezquina. La fe va envuelta en esperanza y nos permite adherirnos a Alguien que se define como el amor mismo.

La experiencia misma nos va confirmando que nuestra calidad de vida está determinada por nuestra capacidad de amar. Es el elemento esencial para vivir y generar vida a nuestro alrededor.

Pregúntate: ¿Podré expresar mi afecto, incluso a mi enemigo, antes de determinar quién tiene la razón?

Oración: Señor de la vida, perdónanos por seguir olvidando que lo que la muerte ha sembrado en nuestra historia es la indiferencia. Refréscanos la memoria para descubrir que estamos vivos cuando logramos arrancarle a nuestro egoísmo mezquino un "te quiero".

Propósito: Dejaré que las palabras "este es mi Hijo muy amado…" vuelvan a resonar en mi cabeza para que contagie el amor de Dios a los que me rodean.

6 de enero
Epifanía del Señor

Isaías 60:1–6
Salmo 72:1–2, 7–8, 10–11, 12–13
Efesios 3:2–3a, 5–6
Mateo 2:1–12

"Quien tiene al Hijo, tiene la vida; quien no tiene al Hijo de Dios, no tiene la vida".

1 JN 5:12

Reflexión: Los testigos son tres, nos recuerda san Juan: el Espíritu, el agua y la sangre. Es obvio que Dios no se entretiene con juegos de palabras. El Hijo es el testimonio vivo del Padre. Lo que está en juego es la vida y la muerte. Los conceptos de espíritu, agua y sangre nos toman de la mano y nos introducen en el misterio de la vida. Dios no se limita a darnos buenos consejos. No me imagino a Dios diciéndonos: "pórtense bien"; pero sí lo puedo ver dándonos la vida con el Espíritu, el agua y la sangre. No se trata de estar vivos, sino de dejar que el agua reverdezca el desierto, que la sangre revitalice nuestras venas y nuestro valor para ser compasivos. Sí imagino al Espíritu inspirándonos creatividad y caminando a nuestro lado, haciéndonos templos suyos, haciendo sagrada nuestra realidad cotidiana. Con su fuerza impulsa nuestras manos a transformar los desiertos de la humanidad en jardines floreados, a curar heridas y enjugar lágrimas. Porque hemos elegido a Jesús, tenemos la vida de nuestro lado.

Pregúntate: ¿Me he dado cuenta de que, si soy templo del Espíritu Santo, todo lo que haga y diga se convierte en sagrado, en expresión de quien habita dentro de mí?

Oración: Señor, permite que mi corazón se abra al Espíritu, al agua y a la sangre, y deje que penetren hasta lo más hondo de mi ser, de forma que sea un testigo intrépido de ti. Amén.

Propósito: Durante las próximas 24 horas, asumiré el reto de dejar que el Espíritu de Jesucristo se sirva de mis manos y muestre el amor de Dios a través de ellas.

8 de diciembre
Inmaculada Concepción

Génesis 3:9–15, 20
Salmo 98: 1, 2–3, 3–4
Efesios 1:3–6, 11–12; Lucas 1:26–38

"El Espíritu Santo vendrá sobre ti y el poder del Altísimo te cubrirá con su sombra; por eso el que ha de nacer será santo y se le llamará Hijo de Dios".

Lc 1:35

Reflexión: La Madre de Dios, concebida sin pecado, expresa la intención de Dios de rehacer todo, después de que la desobediencia del primer hombre y de la primera mujer dañara seriamente la Creación divina. Con profunda esperanza descubrimos como Iglesia, como pueblo de Dios, que el Señor ha decidido, gracias a la acción del Espíritu Santo sobre la Inmaculada Concepción de María, recrearnos desde las raíces más profundas para darnos la posibilidad de vivir una vida nueva, arrancada de la oscuridad y restaurada para caminar por senderos de luz. En un arranque de profundo amor, Dios nos da una segunda oportunidad para vivir en comunión con Él. Dios nos revela un nuevo rostro, un rostro sonriente, iluminador, fuerte y firme. En una palabra, un padre.

Por tanto, nos da oportunidad de relacionarnos con los demás de otra forma, porque ahora todos somos hijos de Dios y, por consiguiente, hermanos. Así pues, ya no hay lugar para insultos, violencias o abusos. Todo eso debe quedar en el pasado. Nuestra tarea, para no morir en la oscuridad, será dejarnos iluminar por el rostro de Dios, porque la fuerza del Espíritu también ha venido sobre nosotros.

Pregúntate: ¿Podría disfrutar más mi vida si me enfocara en lo esencial y no me perdiera en lo irrelevante?

Oración: Señor, gracias por elegir a María libre de toda mancha y, con ella, darnos el regalo de sabernos todos hijos de Eva, renovados desde nuestra raíz por el sacrificio de tu Hijo. Que como hermanos sepamos descubrir tu rostro sonriente y paterno. Amén.

Propósito: El día de hoy trataré a cada persona con la que me encuentre, siendo consciente de mi identidad como hijo de Dios y, por tanto, hermano de cada una de ellas.

Sagrada Familia

CICLO A

Sirácide 3:2–7, 12–14
Salmo 128:1–2, 3, 4–5
Colosenses 3:12–21
Mateo 2:13–15, 19–23

"Levántate, toma al niño y a su madre y huye a Egipto; y quédate ahí hasta que yo te diga. Porque Herodes va a buscar al niño para matarlo".

MT 2:13

Reflexión: Probablemente la romántica imagen de la Sagrada Familia, envuelta por una cálida luz en un establo, se nos viene abajo cuando la vemos exiliada en Egipto, huyendo de Herodes. José tiene que asumir, sin entender bien por qué, la responsabilidad de proteger a esta familia que le ha sido confiada. Jesús es educado, entre otras cosas, con valores propios de su cultura judía y, desde antes de nacer, tiene que aprender a ser peregrino, itinerante, aprende a viajar con las mínimas seguridades. A muy temprana edad tiene que experimentar, en carne propia, el ser amenazado y el tener que abandonar las pocas seguridades que un lugar, Belén, ya le estaba ofreciendo. Se dirige a lo desconocido siguiendo en todo momento la voluntad del Padre. Quizás no nos sea fácil entender la dificultad de este viaje, sobre todo si –afortunada o desafortunadamente– crecimos rodeados de seguridades. Tener todo, en ocasiones, puede ser contraproducente, pues perdemos la capacidad de asombro y el sentido de la lucha por la vida. Quien ha vivido siempre rodeado de confort, puede estar poco preparado para la lucha. Las dificultades unen y pueden dar lugar a familias fuertes, emocionalmente estables, sencillas y sabias con la sabiduría de Dios. Así fue la familia de Nazaret.

Pregúntate: ¿Qué tan dispuesto estaría a abandonar mis cositas y seguridades, si Dios me pidiera servirle en otra parte?

Oración: Señor, que sin necesidad alguna, como Hijo de Dios, tocaste todo tipo de contrariedades, concédeme como humilde hermano tuyo, un poco de tu valor para afrontar mis propias dificultades. Amén.

Propósito: Renunciaré a mis quejas y me aplicaré con vigor a superar las dificultades.

CICLO B

Génesis 15:1–6; 21:1–3
Salmo 105:1–2, 3–4, 5–6, 8–9
Hebreos 11:8, 11–12, 17–19
Lucas 2:22–40

"El niño crecía y se fortalecía, llenándose de sabiduría; y la gracia de Dios estaba sobre él".

Lc 2:40

Reflexión: Sería interesante analizar, en esta era cibernética y de información global, de que están llenando su mente y su corazón nuestros niños. De pronto nos damos cuenta de que alimentamos a nuestros niños (¿o los sobre-alimentamos?) con aquello de lo que nosotros carecemos. La tarea, nada fácil, de educar familias puede convertirse en una tragedia cuando "llenamos" a nuestros hijos, no con lo que necesitan, sino con aquello que nosotros no tuvimos cuando niños, sin importar si es saludable o no. ¿Hoy en día, con qué están satisfaciendo nuestros jóvenes sus apetitos emocionales, físicos, espirituales y sociales?, ¿están creciendo y robusteciéndose o simplemente están aumentando la masa corporal, saturando sus cerebros de información indiscriminada, "digitalizándose" y perdiendo habilidades y destrezas para relacionarse saludablemente con los demás? Podemos caer en la trampa de la sociedad moderna que pretende reducir al capricho de la moda incluso algo tan sagrado como la familia. La familia sigue conservando su poder humano y divino para favorecer un crecimiento armónico de la persona. Dios es firme como un padre y tierno como una madre, y nos ayuda en la educación de nuestros hijos. Aunque nos distraigamos, Él estará siempre con nosotros.

Pregúntate: ¿Dejaré que la gracia de Dios enriquezca mis conversaciones de este día, hablando siempre con bondad y de forma constructiva?

Oración: Señor, qué fácil ha sido dejarme llevar por la corriente, sin tener que pensar, ni decidir, refugiándome en el "todos lo hacen". ¡Basta ya!, no permitas que siga desperdiciando este don tan precioso de mi vida. Ayúdame con tu gracia. Amén.

Propósito: Estaré más atento a las personas que dependen de mí, para asegurar que, en la medida de mis posibilidades, reciban un alimento sabio y enriquecedor.

CICLO C

---

1 Samuel 1:20–22, 24–28
Salmo 84:2–3, 5–6, 9–10
1 Juan 3:1–2, 21–24
Lucas 2:41–52

"Bajó con ellos, vino a Nazaret y vivía sujeto a ellos. Jesús crecía en sabiduría, en estatura y en gracia ante Dios y ante los hombres."

Lc 2:52

Reflexión: Siempre nos ha costado trabajo entender que no podemos remplazar a Dios. Somos, no solo dependientes, sino los seres más dependientes del planeta. Por tanto, la obediencia es algo lógico en nuestras vidas. No hemos sido suficientemente obedientes a las leyes que rigen al cosmos y nuestra desobediencia ya la estamos pagando por el deterioro ecológico. Debe haber matrimonios atentos a la vida diaria, como nuestros abuelos o padres que estaban atentos a la tierra y la entendían. Sin contar con grandes estudios universitarios, supieron encontrar su lugar, de forma sencilla y clara, para respetar la naturaleza y las personas. Al acompañar su testimonio con la coherencia (que en el fondo es otra forma de obedecer a la verdad), adquirieron autoridad moral ante sus descendientes.

Para poder asimilar esta sabiduría se hace necesaria la obediencia. Jesús también obedeció para cumplir la voluntad de su Padre y así se convirtió en nuestro camino, verdad y vida. Jesús podía haber invocado su dignidad de Hijo de Dios para librarse de la dependencia de sus padres; sin embargo, fue obediente a la autoridad de José y de María, quienes seguramente lo educaron con sabiduría y prudencia, como buenos papás.

Pregúntate: ¿Quiero respetar la voluntad de Dios respetando las leyes de la naturaleza, dentro y fuera de mí?

Oración: Señor, que has mostrado tu presencia con una mezcla de firmeza y ternura, concédeme la gracia de estar atento y solo gozarme en tu voz que me susurra al corazón el camino correcto. Amén.

Propósito: Consciente de que los humanos somos seres sociales, seré profundamente respetuoso con las personas que me rodean, especialmente con los ancianos.

Biografía

El P. Eduardo González es originario del estado de Puebla, México y fue ordenado sacerdote el 28 de marzo de 1981 en la Basílica de Nuestra Señora de Guadalupe en la Ciudad de México. Ha dedicado su vida a los ministerios educativo-pastorales como director de escuelas católicas en México. Colaboró en la formación permanente de los sacerdotes y religiosos de las dos provincias de la congregación salesiana en México. Por 8 años fue el presentador de los programas de radio,: "Sintonía", "El oficio de vivir", y "Aprendiendo a vivir", en las estaciones KRVA, KESS, KINF de AM en la el área de Dallas-Fort Worth.

Otros títulos del
P. Eduardo González

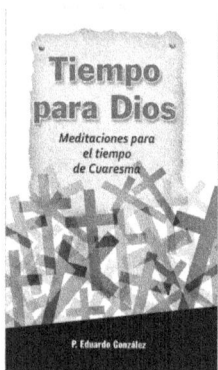

Tiempo para Dios
Meditaciones para el tiempo de Cuaresma

La Cuaresma es un tiempo para reflexionar en el significado de nuestra existencia como cristianos. Es un momento para destruir las falsas imágenes y conceptos sobre nosotros mismos y para encontrar quienes somos en realidad. Es el momento para poner de nuevo a Dios como el centro de nuestras vidas. Momento para auto examinarnos con la intención de lograr una transformación del corazón. Nuestro deseo es que para el día de Pascua nos hayamos convertido en mejores personas con un mejor corazón.

96-páginas cubierta rústica – 4⅛ x 7
9780764-823886 **$7.99**

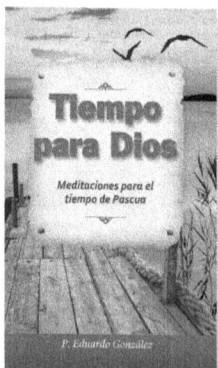

Tiempo para Dios
Meditaciones para el tiempo de Pascua

Es necesario emplear a fondo todas nuestras facultades, pero especialmente la imaginación para lograr experimentar, aunque solo sea un poco el gozo y la emoción que debieron haber envuelto a la resurrección de Jesus. Y será también gracias a la imaginación que encontraremos la manera adecuada de entender lo que significa ser cristiano hoy y cómo llevarlo a la práctica

160-páginas cubierta rústica – 4⅛ x 7
9780764-823909 **$7.99**

Printed in the USA
CPSIA information can be obtained
at www.ICGtesting.com
JSHW011156131123
51752JS00004B/16